新版 **現代法学**

■編著
古田 重明　稲 雄次　渡部 毅

武田 紀夫　道端 忠孝　齋藤 善人
李　聲杓　岡田 順太

八千代出版

執筆分担

古田重明	ノースアジア大学名誉教授	Ⅰ-8、Ⅱ-4、Ⅱ-7
稲　雄次	生涯学習支援機構最高経営責任者（CEO） 特定非営利活動法人理事長	Ⅰ-7
渡部　毅	ノースアジア大学法学部教授	Ⅱ-1、Ⅱ-2、 知っておきたい法律用語
武田紀夫	東北学院大学法学部教授・弁護士	Ⅱ-3
道端忠孝	ノースアジア大学法学部教授	Ⅱ-5、Ⅱ-8
齋藤善人	鹿児島大学大学院 司法政策研究科教授	Ⅱ-6
李　聲杓	東北文化学園大学 総合政策学部教授	Ⅰ-5、Ⅰ-6
岡田順太	白鷗大学法学部准教授	Ⅰ-1、Ⅰ-2、Ⅰ-3、Ⅰ-4

新版にあたって

　本書は『現代法学』と題し1997年に法学の入門書として刊行された。それ以後、様々な司法改革の動きは目まぐるしいものであった。特に、市町村合併という平成の大合併が、国の指導下で強力に推進されて巨大な市の誕生や自治体数の激減となった。さらに、2006年5月1日から会社法が商法から独立して施行された。続いて、2008年12月1日から民法の法人に関する規定が、一般社団法人及び一般財団法人に関する法律、公益社団法人及び公益財団法人の認定等に関する法律、一般社団法人及び一般財団法人に関する法律及び公益社団法人及び公益財団法人の認定等に関する法律の施行に伴う関係法律の整備等に関する法律の法人三法として施行された。また、6人の市民が3人の裁判官とともに刑事裁判で判決を出す裁判員制度も2009年5月21日からスタートした。これは日本の刑事裁判に市民感覚を反映し、司法への信頼を高める変革が狙いである。

　そこで、この度は、様々な司法改革・法改正に対応した内容を論述し、読者の便宜を図った。本書は2部構成とし、Ⅰを「法とは何か」とし、Ⅱを「法の体系」とした。執筆陣も厳選し、理念や本質の解説だけではなく、具体的事例を取りあげて、生の法学を論述した。さらに、法学の理解を深化させるために、初歩的な知っておきたい法律用語は全面的な見直しを図った。また大幅な頁数の削減を図り、ハンディタイプにした。本書は大学の一般教養法学の教科書として、また、社会福祉系学生の学習にも役立つよう配慮している。

　なお、新版にあたっては、八千代出版社長大野俊郎氏、編集担当の深浦美代子氏にお世話いただいた。深く謝意を表する次第である。

2010年1月　　　　　　　　　　　　　　　　　　　　　　　　編　者

旧版はしがき

　私たちの日常生活は、選挙をしたり、立候補をしたり、税金を納めたりの国民としての公的な生活関係と、物を売ったり買ったり、結婚をしたりなどの個人としての私的な生活関係に分けることができる。そして、その日常の平穏な社会生活を営むにあたっては、好むと好まないとにかかわらず、また、意識すると意識しないとにかかわらず、何らかの形で、いろいろな法とのかかわりのなかで生活している。特に、具体的な事件に出会ったり、困りごとが生じたときに、その解決のために法適用の必要性を痛感することがある。

　法は社会秩序維持のための最低限度の法律である。大きくは、国の根本規範たる憲法を頂点とし、民法、刑法、商法、民事訴訟法、刑事訴訟法をはじめとして、それぞれの目的に従って制定された数々の法律が存在している。また、刑法は条文表記を現代語・口語体に改め、民法は婚姻制度等改正要綱案ができ、商法、公職選挙法、民事訴訟法、少年法が改正され、社会の変化に即応した法改正が行われている。

　本書は法改正をふまえて、まさに現代法学にふさわしく、単なる実定法の概観や解説ではなく、なるべく具体的事例を通じ、法の動的側面に光をあて、生きた法学を論述したいという目的をもっている。

　また、理解を深めるために、知っておきたい法律用語を記載するなど、他の本にはみられない特徴と使い易さをもったものである。

　執筆の方々は長年大学で法学を担当したり、法律の専門科目の授業を持っている先生ばかりである。出版にさいして、ご協力いただいた八千代出版社長大野俊郎氏、編集担当者の中澤修一さんに深甚の敬意を表したい。

1997 年 1 月吉日　　　　　　　　　　　　　　　　　　　編　者

目　　次

新版にあたって　　i
旧版はしがき　　iii
凡　　例　　ix

I　法とは何か

I-1　法の概念 ……………………………………………… 3
　1　社会生活と法　　3
　2　法を理解するためのポイント　　3
　3　法と強制　　6

I-2　法の目的 ……………………………………………… 7

I-3　法　源 ……………………………………………… 9
　1　成文法　　9
　2　不文法　　13

I-4　法の効力の範囲 ……………………………………… 17
　1　時に関する効力　　17
　2　人に関する効力　　20
　3　場所に関する効力　　21

I-5　法の分類 ……………………………………………… 23
　1　実定法と自然法　　23
　2　公法と私法　　24
　3　市民法と社会法　　25
　4　実体法と手続法　　26
　5　任意法と強行法　　27
　6　一般法と特別法　　27

I-6　法の適用と解釈 ……………………………………… 29
　1　法の適用　　29

2　法の解釈　　30

I-7　法と国家 …………………………………………………… 37
　　1　国家の起源　　38
　　2　国家の構成要素　　40
　　3　国家の形態　　42

I-8　法と権利義務 ………………………………………………… 47
　　1　権利義務の意義　　47
　　2　権利の分類　　47
　　3　義務の概念と分類　　49

II　法の体系

II-1　憲　　法 …………………………………………………… 53
　　1　憲法総論　　53
　　2　基本的人権　　57
　　3　統治機構　　69
　　4　憲法の保障　　78

II-2　行　政　法 ………………………………………………… 81
　　1　行政法の意義と特質　　81
　　2　行政組織法　　83
　　3　行政作用法　　85
　　4　行政救済法　　94

II-3　刑　　法 …………………………………………………… 101
　　1　刑法の基礎　　101
　　2　罪刑法定主義の原則　　103
　　3　犯　罪　論　　107
　　4　刑　罰　論　　116

II-4　民　　法 …………………………………………………… 121
　　1　民法の意義・基本原理・総則　　121

2　物　　　権　128
　3　債　　　権　132
　4　親　族　法　137
　5　相　続　法　143
　6　調 停 制 度　148

II-5　商　　　法 …………………………………………… 151
　1　商法総則・商行為法　151
　2　会　社　法　156
　3　手形・小切手法　163
　4　保　険　法　167

II-6　訴　訟　法 …………………………………………… 173
　1　裁 判 の 法　173
　2　民事の裁判　175
　3　刑事の裁判　182

II-7　労　働　法 …………………………………………… 189

II-8　経　済　法 …………………………………………… 195
　1　経済法とは何か　195
　2　経済法の体系　195
　3　独占禁止法　196

知っておきたい法律用語　203

凡　　例

1　カッコ書きで条文を入れる場合は法令名を略称にし、異なる法令の条文は読点（、）で、同一法令の条文はナカグロ（・）で区切り表示した。
　例）（道交7条、同施行令2条）（憲94条、地自14条1項・15条1項）

2　判例の略記は慣例に従い以下のように表示する。
　例）最高裁判所判決昭和40年12月7日最高裁判所民事判例集第19巻9号2101頁　→　最判昭40・12・7民集19巻9号2101頁

法令名略称

会	会社法	国公共済	国家公務員共済組合法
家事	家事事件手続法	国籍	国籍法
旧憲	大日本帝国憲法	裁判員	裁判員の参加する刑事裁判に関する法律
行手	行政手続法		
行訴	行政事件訴訟法	裁	裁判所法
漁業	漁業法	自抵	自動車抵当法
警	警察法	下請	下請代金支払遅延等防止法
刑	刑法		
刑事収容処遇	刑事収容施設及び被収容者等の処遇に関する法律	出入国	出入国管理及び難民認定法
		商	商法
刑訴	刑事訴訟法	税徴	国税徴収法
刑訴規則	刑事訴訟規則	地公	地方公務員法
景表	不当景品類及び不当表示防止法	地自	地方自治法
		地税	地方税法
憲	日本国憲法	手	手形法
建抵	建設機械抵当法	鉄抵	鉄道抵当法
検察審査会	検察審査会法	電波	電波法
小	小切手法	道路	道路法
厚生年保	厚生年金保険法	道路運送	道路運送法
鉱業	鉱業法	独禁	私的独占の禁止及び公正取引の確保に関する法律
航抵	航空機抵当法		
行組	国家行政組織法		
国公	国家公務員法	道交	道路交通法

内閣	内閣法	民執	民事執行法
内閣府	内閣府設置法	民訴	民事訴訟法
農信	農業動産信用法	民訴規則	民事訴訟規則
被害者保護	犯罪被害者等の権利利益の保護を図るための刑事手続に付随する措置に関する法律	民調	民事調停法
		労基	労働基準法
		労規則	労働基準法施行規則
		労組	労働組合法
保	保険法	労審	労働審判法
民	民法		

判例の略称

最大判	最高裁判所大法廷判決	最判	最高裁判所判決
最大決	最高裁判所大法廷決定	最決	最高裁判所決定
大判	大審院判決		

判例集・法律雑誌略称

刑集	最高裁判所（大審院）刑事判例集	判時	判例時報
刑録	大審院刑事判決録	民集	最高裁判所民事判例集
裁時	裁判所時報	民録	大審院民事判決録

I　法とは何か

法 の 意 味

　法は何故サンズイに去ると書くのか。どういう意味があるか。灋⇒氵＝サンズイ＝水＝公平を意味し、廌＝タイ＝架空のキレイずきの動物＝不正・不公平・不浄であれば去っていってしまう。つまり法は公平と不公平を意味する（高梨公之著『若虜子』）。またよりどころとする意味がある（人ハ法ル地ニ、地ハ法ル天ニ、天ハ法ル道ニ、道ハ法ル自然ニ。人は地に法り、地は天に法り、天は道に法り、道は自然に法る＝道法自然・老子）。

I-1

法 の 概 念

1　社会生活と法

　「赤信号みんなで渡れば怖くない」という交通標語のパロディーはひと昔前の冗談として、信号待ちをしているときに、車が来る気配がないからといって、赤信号で渡ってしまう歩行者の姿は実際によく見かける。しかし、同じ状況でも、たとえば、警察官が交差点に立っていたら、多くの人は青信号まで待つことだろう。そこには、まさに「法」が機能している。このように、私たちは「法」自体を見ることも、触れることもできないにもかかわらず、日常生活において「法」を意識しながら行動している。では、法の特徴は何か、また、そもそも法とは何であろうか。

2　法を理解するためのポイント

(1) 存在と当為の峻別

　社会には、「～しなければならない」または「～してはならない」という個人に課された決まりごとが無数に存在し、それらは社会規範と呼ばれる。定義すると、社会規範とは、人間が社会生活を営む上で、遵守すべき行為や態度の標準あるいは規律である。規範は、「あるべきこと（当為）」を定めるのであって、「あること（存在）」を表す事実とは区別される。たとえば、「赤信号をみんなが渡っている」という事実が存在するからといって、それが

「渡ってもよい」ということにはならない。事実から規範は生まれないのが原則である。こうした「存在」と「当為」の峻別をすることが、法の特徴をとらえる上で欠かすことができない要素となっている。

　ところで、社会規範は、「地球上で手から物を離せば下に落ちる」といった自然法則とは異なり、そこで定められた事柄が絶対に起こるとは限らない。冒頭の例のように、赤信号を渡ってはならないとわが国の法（道交7条、同施行令2条）が規定するだけでは不十分で、それを執行する権力機関（警察など）の存在が必要となる。ただし、すべての歩行者を警察官が管理するわけにはいかないので、歩行者が自発的に交通法規を守ることが現実には重要である。そこで、具体的な法制度を設計する際には、様々な面から費用対効果を考えるとともに、国民からの理解と協力が得られるようにして、法令の「執行可能性」を高め、法の目的を的確に実現できるように検討することが重要となる。

(2) 社会状況の反映

　社会規範は、自然法則と異なり、経済・文化などといった社会状況によっても大きく変化する。また、同じ時代にあっても、様々な国家を比較すれば、まったく異なった法が機能していることがわかる。それは特に、国家の枠組みを定める憲法の違いに表れてくる。

　わが国の憲法は、個人の尊厳（憲13条）を究極の指導原理とし、個々人がもっている価値観を最大限に尊重する立場を採っている（個人主義）。これによって、個々人は自分の正しいと信じる「価値」に従って行動することができ、国家機関から不当に自由を奪われることがない（自由主義）。そして、自由を最大限に享受するために、その規制の内容は国民自身が決定するという理念の下、民主主義が採用される。ここで重要なのは、個人主義→自由主義→民主主義の順に、憲法原理が表れてくることである。他方で、民主主義を採用していながら、個人主義や自由主義をその基礎としないために、独裁者

や特権階級が権力を握り、民意をまったく顧みない政治が行われるような国家も存在する。あるいは、個人の価値観よりも、宗教上の教義や独裁者の思想などを絶対的な価値観として、個人に強要する国家も存在する。

　つまり、わが国の法にみられる価値や統治の基本原理は、必ずしも時代や社会の違いを超えた普遍的なものではないということである。同様に、他国で主流になっている価値観を絶対視して、わが国にあてはめることが必ずしも正しいとは限らない。

　法は、その社会における経済状況などを反映して形成される社会的特徴（上部構造）である。同時に、形成された法は、その社会を形成する。そうした相互作用のなかで、法と社会は発展している。たとえば、個人主義を基本とした法秩序は、資本主義経済体制の確立という近代社会が産み出したものといえるが、そこで産み出された法秩序は、資本主義社会を個人主義に適合するように発展させているとみることができる。現代における社会権の登場はその一環である。

　このように、その社会における「法」を本質的に理解するためには、法制度を表面的に調べるだけではなく、その背後にある経済体制・社会状況・文化・風俗などといった要素も総合的に考慮しなければならないということを忘れてはならない。

(3) 法とは区別される社会規範―宗教・道徳・慣習など―

　一般に、社会の発展段階に応じ、法がその他の社会規範と区別され、洗練されていく過程が指摘されるところであるが、近代法の特徴は、近代市民社会の登場・発展に伴い、宗教などの社会規範からほぼ完全に分化してきたところにある。法の内容が宗教や道徳、慣習などに由来することはあっても、法以外の社会規範を国家権力が個人に直接強要することはないのである。

　その一方で、一般社会において存在する様々な団体・結社などの「部分社会」においては、一般的な法秩序とは異なる価値・規範が通用することも、

一定の範囲で尊重されるべきものとなる。

3 法と強制

　以上の点をふまえ、法とは、「国家権力によって強制されうる契機を含んだ社会規範」であると定義できる。ただ、ここでいう「強制」には多様な側面があることも認識しておかなければならない。
　基本的には、国家権力が何がしかの価値観（規範）に従って判断を行い、それを強制していくという「裁断」作用が「法の実現」ということにつながる。たとえば、裁判官が、土地の所有権をめぐって争うAとBから主張を聞き、いずれかを正しいものとして判断を下し、判決に従わない当事者には強制力をもって権利内容を実現していくということが、その典型といえる。
　しかし、法の実現のために行われる「強制」には、刑罰権の行使や強制執行といった物理的強制力や（否定的）制裁措置だけでなく、特定の価値観の実現を心理的に「誘導」しようとするものも含まれる。たとえば、一定の目標を達成した企業に補助金を与えたり（肯定的制裁）、路上生活者が寝場所にしないよう地下道にオブジェを並べたり（アーキテクチャ）、「喫煙は悪」のように政府が特定の価値観を宣伝したり（政府言論）といった「ソフトな強制」が、現代の法の実現手法として多用されている。監視カメラの設置や行政指導もその例であるが、これらの手法は、自由意思を実現の基礎とするものであるため、個人の権利・自由の侵害に気づきにくいところに問題がある。
　なお、強制にあたって、特定の価値観を必ずしも前提としない「調整」作用というものも存在する。道路を右側通行にするか左側通行にするかというような、どちらを選択しても間違いではないが、とりあえず決めておかないといけない事柄（調整問題）がそれにあたる。

I-2 法の目的

　法という漢字は、池のなかの島に珍獣を押し込めて、外に出られないようにしたさまを示した会意文字に由来するという説がある。珍獣は、島のなかでは自由だが、その外には出られない。これが転じて、広くそのような、生活にはめられた枠を「法」というようになったという。ここで、獣の自由と人間の自由は区別されなければならない。福澤諭吉が述べた「自由は不自由の際に生ずと云うも可なり」(『文明論之概略』第9章) でいう自由は、もちろん後者の意味であり、法が不可欠の存在となる。一定の社会秩序がなければ、人間の自由は実現できないので、法は秩序を形成する役割を果たす。だが、秩序形成のみを法の目的ととらえるのは、いささか偏った見方である。

　もっぱら秩序形成に主眼を置けば、「悪法も法なり」という法諺(ことわざ)のように、内容的に正しくない法であっても守らなければならないのは当然である。しかし、それでは「苛政は虎よりも猛なり」の状況をうみかねない。結局、「悪法は法にあらず」なのであろう。昨今、問題となっている「格差社会問題」は、貧困問題よりむしろ、社会を構成する人々が互いに結びついているという意識(紐帯意識)が欠け、社会統合不全状態に陥る分断社会 (divided society) の生成に本質的な問題があるとの指摘がある。つまり、法の目的は、目先の秩序形成ではなく、社会統合を果たすところに置かれるべきなのである。

　また、その際、法整備をすれば万全であるといった偏った考え方ではなく、政治努力を怠らないことも忘れてはならない。自動操縦の民主政治は存在しないのであって、法の限界を知るとともに、法と政治の両者を活用して「良き統治」を模索するところに現代法学の存在意義がある。

I-3 法　源

　「法」そのものは、直接目で見ることも、触って確かめることもできない存在である。にもかかわらず、私たちは「法に従って」とか「法が許さない」などといって、あるべき状態について論じている。では、そこで論じていることは、いったい何を拠りどころとしているのだろうか。

　法そのものを見ることは私たちにはできないのであるが、その足がかりになる素材は様々に存在する。そのような素材のことを「法源」という。「水源」といえば、そこから水が湧き出してくるように、法源からは法が「湧き出してくる」というイメージでとらえるとよい。裁判官は、裁判の結論が正当であるということの権威的な理由として、一般的規準である法源を参照し、個別具体的な事件にあてはめて、紛争解決を行うのである。その意味で、法源は、裁判規範として重要な意味をもっている。

　典型的な法源は、文字・文書のかたちで存在する法規範で、「成文法」と呼ばれる。議会が制定する法律がその代表例である。権限ある国家機関が所定の手続・形式に従って策定する法規範である。他方、慣習法のように文書のかたちをとらない法規範は、「不文法」と呼ばれる。以下、それらを具体的にみていくことにしよう。

1　成　文　法

　国家の成文法には、相互の規範内容に矛盾・抵触が生じないようにするための効力関係が予め定められている。その第一が、法の段階構造であり、た

とえば、わが国において憲法と法律は上下関係にあり、常に憲法の内容が優先することとなっている。法律と命令の場合は、法律が優先する。第二に、同等の効力を有する法規範の間では、「後法は前法を改廃する」との原則により、後から成立したものの内容が優先することになっている。そして、第三に、一般法と特別法の関係では、「特別法は一般法に優先する」との原則が存在する。たとえば、民法と借地借家法の関係は、一般法・特別法の関係になるので、借地借家法の内容が民法に優先するのである。

(1) 憲　　法

　憲法は、国家統治の組織と作用に関する基本法である。通常、各国の憲法は「憲法典」という成文法の形式で定められるが、イギリスのように憲法が不文法の形式を採る国も存在する。また、通常の法律と同じ手続で改正ができる成文憲法を「軟性憲法」、通常の法律よりも厳格な手続を必要とするものを「硬性憲法」と呼ぶ。
　日本国憲法は、最高法規と位置づけられ（憲10章）、国内において最も強い効力をもつ法規範である。したがって、日本国憲法に反する内容の法律を国会が制定した場合、その効力は無効となる（憲98条1項）。反対に、日本国憲法の枠内で制定される法律には、その正統性が付与される。このように、日本国憲法は、最高法規・制限規範・授権規範としての特性をもっている。そして、日本の場合、憲法に適合しているかどうかの判断権（違憲審査権）は、裁判所に与えられている（憲81条）。

(2) 条　　約

　条約は、国家または国際機関の間で結ばれる文書による合意である。条約は国際法の法源となるものであるが、必ずしもそのまま国内法として通用するわけではない。これは、各国の法制度によっても、条約の内容によっても

異なっており、一概に定められるものではない。この点、日本国憲法は、「日本国が締結した条約及び確立された国際法規は、これを誠実に遵守することを必要とする」（憲98条2項）と定めているが、憲法と条約のいずれの効力が優先するか定かではない。一般には、憲法優位説が支持されている。

条約の締結権について、日本国憲法は内閣にこれを与えつつ、「事前に、時宜によっては事後に、国会の承認を得ることを必要とする」（憲73条3号）として、国会による民主的統制が及ぶようにしている。また、締結手続が、法律制定よりも厳格であるので、効力が法律に優先すると考えられている。

(3) 法　　律

法律は、議会によって制定される法規範である。

日本においては、国会が「唯一の立法機関」（憲41条）と位置づけられており、これを構成する衆議院と参議院の両議院が可決したときに法律が成立し（憲59条1項）、天皇によって公布される（憲7条1号）。なお、立法権は一般的抽象的法規範を定立する権限であるので、行政機関が行うような個別的具体的処分を定めた法律（個別法律）を制定することは、権力分立に反するという考え方が強い。

(4) 議院規則・最高裁判所規則

日本国憲法は、国会に立法権を独占させることを原則としているが（国会中心立法の原則）、その例外として、衆議院または参議院が各々「会議その他の手続及び内部の規律に関する」規則（憲58条2項）を定めること、および、最高裁判所が「訴訟に関する手続、弁護士、裁判所の内部規律及び司法事務処理に関する事項について」の規則（憲77条）を定めることを認めている。これらは、権力分立の要請からくる権限であるが、法律と内容が競合した場合の優劣関係については、争いがある。ちなみに、法律で定めた事項と異な

る定めを最高裁判所規則で置くことはできないとする政府見解がある。

(5) 命　　　令

　命令は、行政機関によって制定される立法である。

　行政機関が、法律を執行するために必要な細則等を定めるための命令（執行命令）と、法律から委任を受けて制定する命令（委任命令）を定めることは、国会中心立法の原則の例外として、日本国憲法上認められるところである（憲73条6号）。しかしながら、法律と無関係に制定される命令（独立命令）を制定することは、認められない。

　命令は、それを制定した機関によって名称が分かれる。内閣が制定した命令は「政令」であり、内閣総理大臣が内閣府の長として制定した命令は「内閣府令」、各省大臣が制定した命令は「省令」と呼ばれる。これらは、法律の委任がなければ、罰則を設け、または義務を課し、もしくは国民の権利を制限する規定を設けることができない（内閣11条、内閣府7条4項、行組12条3項）。このほか、独立行政委員会が定める命令として、人事院規則（国公16条1項）、国家公安委員会規則（警12条）などがある。

(6) 条　　　例

　条例は、地方公共団体によって制定される自主立法である。命令の一種とも位置づけられるが、日本国憲法上は、地方自治を尊重する建前から、法令の枠内において（憲94条、地自14条1項・15条1項）、ある程度の自主性が認められる。このうち、地方議会の議決によって制定されるものを、特に「条例」と呼び、地方公共団体の長が制定する「規則」と区別するのが一般的である。条例には、違反者に対して「2年以下の懲役若しくは禁錮、100万円以下の罰金、拘留、科料若しくは没収の刑又は5万円以下の過料を科する旨の規定」を設けることができる（地自14条3項）。

2 不文法

　法には、成文法のように、意識的につくり出され、改正され、あるいは廃止されるものばかりではなく、ある一定の期間に社会において繰り返された行為や状態、人々の意識の変化などによって生まれてくるものがある。そのような法を成文法に対して、「不文法」と呼ぶ。いずれの国家においても、法の成立の歴史をみれば、まず不文法からはじまり、やがて成文法として結実することが多い。

　わが国は「成文法国」であり、成文法が法源の中心を占めるのであるが、それでも成文法の隙間を埋め、より人々の生活実態に即した法として、また、成文法に移行する前段階の法として、不文法の果たす役割は非常に大きい。

(1) 慣習法

　社会のなかで繰り返されてきた事実（慣習）のうち、それが先例となり、社会規範として拘束力を有するに至ったものを慣習法と呼ぶ。最終的には、裁判所によって慣習法として認められることにより、その存在と内容が明確になる。

　日本の法制度における一般的な慣習法の扱いは、「公の秩序又は善良の風俗に反しない慣習は、法令の規定により認められたもの又は法令に規定されていない事項に関するものに限り、法律と同一の効力を有する」（法の適用に関する通則法3条）ものとされている。ただし、法律による行政の原理が強く要請される行政法分野では、慣習法が法源になる領域はかなり限られる。また、罪刑法定主義を基礎とする刑事法分野では、慣習法に基づく刑罰は禁止される。

　慣習法と区別されるものとして「事実たる慣習」がある。これは民法が「法令中の公の秩序に関しない規定と異なる慣習がある場合において、法律

行為の当事者がその慣習による意思を有しているものと認められるときは、その慣習に従う」(民92条) として、慣習に任意法規 (当事者が法律の規定に反する特約をした場合に、特約内容が優先されてしまう規定) に優越する効力を認めている。

(2) 判　　例

　裁判所の判決は、その事件の当事者限りで拘束力をもつのが原則であるが、同種の事件で同様の判決が繰り返されると、それが「判例」として、事実上、法と同じ一般的拘束力をもつようになる。これを判例法と呼ぶ。

　日本の場合は、成文法主義の国であり、判例には原則として法的な拘束力が認められない。ただし、わが国においては、終審裁判所である最高裁判所が法解釈を統一する機能を有しており、最高裁判所の裁判を「判例」、下級裁判所の裁判を「裁判例」とあえて呼び分けることがある。また、下級審の裁判が最高裁判所の判例に反している場合は上告理由となり (民訴318条1項、刑訴405条)、最高裁判所が判例変更をする場合は、大法廷を開かなければならない (裁10条3号)。そして、裁判官の主観に裁判が左右されるという事態は法的安定性の観点から好ましくないので、裁判官は、通常、先例を参照し、法律家によって共有される法理解に従い裁判を行う。このため、裁判に一定の傾向がみられるようになるのは、成文法国であっても同じである。

(3) 条　　理

　条理とは、「物事の筋道」の意味であり、ある事柄に対する社会一般の合理的かつ正当と認められる理性的判断をいう。成文法が想定しなかった事態 (法の欠缺) にあって、慣習法や事実たる慣習も存在しない紛争を解決するために、裁判官が最後の拠りどころとするのが条理である。民事裁判において、裁判官は裁判を拒否することができないので、「民事ノ裁判ニ成文ノ法律ナ

キモノハ習慣ニ依リ習慣ナキモノハ条理ヲ推考シテ裁判スヘシ」(明治8年太政官布告103号〔裁判事務心得〕3条) とされている。

(4) 学　　　説

　ここでいう学説は、法学者による学問的見解をさす。歴史的にみると、古代ローマでは解答権を有する法学者の学説が法源としての権威を認められた。また、東ローマ皇帝ユスティニアヌスⅠ世 (Justinianus I, 483-565) によって帝政初期から500年代までの著名な法学者の学説が編纂された『学説彙纂』(533年) のように、国家権力によって承認された学説が法源として機能することがある。しかしながら、今日の日本において、学説に法源としての形式的権威は認められない。法学説のなかには、裁判や立法過程、行政実務において参照され、大きな影響力を与えるものもあり、実質的法源として扱われるものもあるが、学説のすべてが法源となるわけではない。

I-4 法の効力の範囲

　法は、社会規範として人々を拘束する効力を有するが、その範囲は無制限ではない。制定された法令は、時・人・場所の点で効力に制限がある。以下では、それらの点について、わが国の法律の場合を中心にみていくことにしよう。

1　時に関する効力

(1) 効力の発生

　国会で成立した法律は、天皇によって公布されるが、それだけでは効力をもたない。法律は、「施行」によって初めて効力をもつようになる。

　公布から施行までの期間は周知期間であり、国民に法の内容を周知させるために置かれる。公布は官報に掲載される方式が慣例となっている。

　施行期日は、その法律の附則に確定日を規定するか、他の法令にその定めを委ねることが一般的である。法律によっては、一部のみ先に施行させ、後から残りの部分を施行させるというものも見受けられる（たとえば、個人情報の保護に関する法律〔平成15年法律57号〕）。

　また、公布はされたが、施行前なので効力をもたない段階で改正・廃止される法律というものも存在する。裁判員の参加する刑事裁判に関する法律（平成16年法律63号）は、施行前に区分審理手続の規定を設けるなどの一部改正法（平成19年法律60号）によって改正された後、2009（平成21）年に施行さ

れた。そして、珍しい例であるが、未施行のまま廃止された法律として、1952（昭和27）年に公布された海上公安局法（昭和27年法律267号）がある。同法は、「別に法律で定める日」としていた施行期日が定まらないまま、防衛庁設置法（昭和29年法律164号）の施行と同時に廃止された。

なお、法律によっては早急に施行する必要から、周知期間を設けずに、公布の日から施行する「即日施行」の方式を採るものもある。最近の例として国旗及び国歌に関する法律（平成11年法律127号）や教育基本法（平成18年法律120号）などが挙げられる。成田国際空港（当時は新東京国際空港）の開港を目前にして、これを阻止しようとする暴力主義的破壊活動を行う勢力に対処するために制定された「成田国際空港の安全確保に関する緊急措置法」（昭和53年法律42号）は、即日施行すべき緊急の必要性が存在した事例である。

ちなみに、施行期日の定めがない法律は、「公布の日から起算して20日を経過した日から施行する」（法の適用に関する通則法2条）とされている。

(2) 効力の消滅

法律は「廃止」によって効力を失う。廃止は、新たな立法措置によって既存の法律を消滅させる行為である。法律が存在はするが、その効力が働かないようにする「停止」とは区別される。廃止の例としては、環境基本法（平成5年法律91号）の制定に伴う公害対策基本法の廃止（環境基本法の施行に伴う関係法律の整備等に関する法律〔平成5年法律92号〕1条）、停止の例としては、財政構造改革の推進に関する特別措置法（平成9年法律109号）に対する財政構造改革の推進に関する特別措置法の停止に関する法律（平成10年法律150号）がある。

特定の目的で制定された法律は、その目的が達成されるなどの事情により、法の存在理由が失われ、実効性喪失と判断されることがある。法務省大臣官房司法法制部は、①日時の経過、②関係事務の終了、③規律対象の消滅等により、適用される余地がなくなったか、または合理的に判断して適用される

ことがほとんどないと認められるに至った場合、実効性喪失と判断している。廃止ではないので、法律自体は存続する。

　法律自身が有効期限を定めている場合もあり、「限時法」や「時限立法」と呼ばれる。たとえば、アメリカ同時多発テロを契機に制定された、いわゆる「テロ対策特別措置法」(平成13年法律113号) は、「この法律は、施行の日から起算して6年を経過した日に、その効力を失う」(附則3項) と定めている。この規定によって、特段の立法措置が採られない限り、自動的に効力を失う (失効)。ところで、これと似ているが、まったく異なる規定もある。たとえば、大学の運営に関する臨時措置法 (昭和44年法律70号) は、「この法律は、その施行の日から5年以内に廃止するものとする」(附則5項) と定めていた。もっとも、これは、5年後に廃止するという立法者意思を表明したに過ぎず、このような規定が置かれていれば自動的に廃止になるわけではない。実際に同法が廃止されたのは、2001 (平成13) 年になってからである (中央省庁等改革関係法施行法〔平成11年法律160号〕77条24号)。

　なお、最高裁判所での違憲判決自体は、法律を廃止する効力をもつものではない。法律を廃止するのは立法権の作用であり、あくまで国会の専権事項だからである (最高裁判所裁判事務処理規則14条参照)。たとえば、刑法200条 (尊属殺) の規定は、1973 (昭和48) 年に違憲判決が出されているが (最大判昭48・4・4刑集27巻3号265頁)、1995 (平成7) 年に削除されるまで条文は残っていた。もっとも、違憲判決以後、当該条文は使われなくなったから、事実上、廃止されたのと同じ効果が生じたとみることができる。

　法律の改廃に伴って、新旧の規定の効力が混在し、いずれを適用すべきか交通整理をしなければならない場合があり、そうした場合には「経過規定」が設けられて、必要な調整が図られる。たとえば、社会保障研究所の解散に関する法律 (平成8年法律40号) は、「この法律の施行前にした行為に対する罰則の適用については、なお従前の例による」(附則3項) と定め、社会保障研究所法 (昭和39年法律156号) を廃止しつつ、同法の罰則規定の効力は存続させているのである。

(3) 効力設定の限界

　法律の効力は施行前に及ばないのが原則である (法律不遡及の原則)。特に、刑罰法規については、事後処罰の禁止 (憲39条) が憲法上の原則となっているので、過去の行為を犯罪として処罰することは許されない。これに対し、それ以外の分野であって、主として市民生活に直結する法律で、遡及効を認めても何ら法的安定性を害することがなく、それが人々の要請に応え、社会の実態に即していると考えられる場合には、過去に遡って適用される規定が設けられる。たとえば、一般社団法人及び一般財団法人に関する法律 (平成18年法律48号) は、附則2項で、「この法律の規定 (罰則を除く。) は、他の法律に特別の定めがある場合を除き、この法律の施行前に生じた事項にも適用する」と規定する。

　旧法によって保障されていた権利は、新法においても既得権としてある程度尊重されなければならないが、その制限が公共の福祉のために必要かつ妥当である場合には、既得権の変更ないし消滅も許容される。

2　人に関する効力

　法の効力がどの範囲の人にまで及ぶかについては、属人主義と属地主義の二つの考え方に分けられる。属人主義は、国籍を基準とし、国家の法はその国の国民全体に対し効力をもつとし、自国内であると他国内であるとを問わないとする。属地主義は、国家の主権が及ぶ領域を基準とし、国家の法は、自国民であると外国人であるとを問わず、すべての者に効力が及ぶとする。今日、多くの国々では、原則的に属地主義が採用され (刑1条参照)、補充的に属人主義がとりいれられている (刑3条参照)。なお、外国にいる外国人にも法の効力を及ぼすことは可能であるが (刑2条参照)、現実に裁判権を行使することは難しい。

特定の身分を有する者にのみ効力を有する法律も存在する。たとえば、皇族に対する皇室典範、国家公務員に対する国家公務員法、弁護士に対する弁護士法などである。

なお、国際法上の理由から、国家元首や外交使節などについては、在留国の法に服さない外交特権が認められている（外交関係に関するウィーン条約 31 条・37 条参照）。また、婚姻や離婚、相続などの国際私法関係については、在留国ではなく本国法を適用する例が多い（法の適用に関する通則法 24 条・25 条・27 条・36 条・37 条参照）。

3　場所に関する効力

法の効力は、原則として、その国の全領域にわたって及ぶ。領域とは、国家の主権の及ぶ範囲であって、領土・領海・領空からなる。また、国旗または国籍を示す標識を掲げることができる船舶・航空機については、それが公海や外国の領域内にあっても、その内部には自国の法を適用することができる（旗国主義）。外国に所在する土地であっても、占領地、租借地、外交使節の公館などについては、当該外国法の効力の全部または一部が排除され、本国法の効力が及ぶ。

領海は、海岸の低潮線など基準となる線（基線）から 12 海里（1 海里 = 1852 m）までの海域をいう（領海及び接続水域に関する法律 1 条）。領空は、領土・領海の上空を指すが、月その他の天体を含む宇宙空間は特定の国家の主権が及ばない（宇宙条約 2 条）ので、法の効力は及ばない。

法律には、特定の地方公共団体のみに適用されるもの（地方自治特別法）があり、その成立には住民投票での過半数の賛成を要するが（憲 95 条）、これは対象となる地方公共団体以外には効力が及ばない。同様に、条例も、原則として制定した地方公共団体の地域にしか効力が及ばない。

I-5 法の分類

　法は種々な観点からいろいろに分類することができる。一般的に知られている六法（憲法、民法、刑法、商法、民事訴訟法、刑事訴訟法）だけでなく、行政法や特許法、労働基準法など数多くある。

1　実定法と自然法

　実定法とは人間がつくり出した法として特定の社会内で実効性をもって行われている法のことで、制定法ばかりでなく慣習法・判例法等を包括する概念でもある。実定法は人間が制定した現実の法なので、時間や空間などを超越することはできず、特定の時代や社会に限定されることになる。その意味において時間や空間を越えて妥当性をもつ自然法と対立することになる。実定法だけが法であるとする考え方を法実証主義という。
　自然法とは人間や事物の本性のようなもっと根源的なものに基づいて形成され、時間や空間などの概念を超越した永久普遍の超経験的・理性的な法である。このように人間や事物の本性を根源とする自然法は実定法の基礎となり、自然法に反する実定法は改廃される。しかし、法実証主義の立場からは自然法は否定される。

2 公法と私法

　実定法を公法と私法に区別することは訴訟技術上の必要性から古代ローマ法時代にも存在していた。しかし、近代法において公法と私法の区別は一定の政治的・社会的背景から生じた歴史的な制度の所産であったので、国や時代によってその性格と範囲が異なる。その区別については定説が存在せず、現在ではこれを区別する実益も以前ほどではない。法体系上から分類すると憲法、行政法、刑法、訴訟法などは公法に、民法や商法は私法になる。

　国家の主要政策目標実現のために国会が制定した刑事法は、その法律に違反するものがあれば、国家機関である警察の摘発、検察の起訴によって裁判所が有罪・無罪の判決を下す。しかし、民事法は同じ国会でつくったものでも国からみれば、刑事法ほど関心の度合いは高くなく、その法律に反する行為をなした者があっても警察がそれを摘発することはない。利害当事者による裁判所への提訴があれば、裁判所はその判断を下す。刑事法においての国家の役割は能動的であるが、民事法においてのそれは受動的である。しかし、刑事法であろうが民事法であろうが最終的な判断を下すのは裁判所である。この意味からすれば公法と私法を区別する意義はない。

　学説は公法と私法を区別する定説がないため、理論的基準に関する争いがある。主体説は法律関係の主体が国家または地方公共団体と国民の関係、もしくは国家または地方公共団体間の関係を規律する法を公法、当事者双方が私人である場合を規律する法を私法とする。この考え方によれば、刑法は公権力の主体として国家が個人を規律するから公法関係であり、国家が個人と売買契約を締結することは公権力の主体としてすることではないから私法関係となる。利益説は法の保護しようとする利益が公益に関する法を公法、私益に関する法を私法とする。しかし、実際において公益と私益を区別するのは容易なことではない。たとえば、不正競争防止法は私益を目的とすると同時に公益をも目的とするからである。権力説は国家または地方公共団体と国

民のように非対等な権力関係を規律する法を公法、私人同士のように対等な権力関係を規律する法を私法とする。しかし、公法と私法を区別するに十分な説明はいまだ存在しない。

戦前の日本では、行政裁判所の制度があり、公法上の争いは特別裁判所である行政裁判所の管轄に、民事・刑事の事件は司法裁判所の管轄に属していたので、公法と私法の区別は重要であった。行政裁判所の制度はヨーロッパ大陸法系のものであって、その大陸法を継受した日本にもあったのである。しかし、その行政裁判所は戦後廃止され、行政事件も普通裁判所で行うこととなり、公法と私法を区別する重要性は以前ほどでなく次第に乏しくなってきている。

3 市民法と社会法

近代市民法は中世ヨーロッパにおける封建的支配からの革命によって権力の奪取を達成したものといえる。中世封建時代の市民は出生によってその身分が束縛され、国王や貴族から差別を受ける地位であった。社会を規律する法があってもその適用は身分によって異なっていたのである。

イギリス名誉革命に続いて、市民革命としての性格をもつフランス革命によってすべての人間の独立・自由・平等を確立しようとする近代法は市民の法としての性格を濃く帯びることとなった。国民に対する国家の干渉をできるだけ排除し、個人の自由を最大限に保障しつつ責任を一定の範囲に限定することによって、私人の経済活動・生活活動の領域での自由を拡大するようになった。このような歴史的背景から近代市民法は私的自治の原則（契約自由の原則）、所有権絶対の原則（財産権尊重の原則）、過失責任の原則（自己責任の原則）という3大原則を柱とする法の体系を構成する。

しかしながら資本主義の発展に伴い、社会生活に重大な問題が発生した。産業資本家による労働者の搾取が契約自由の原則から導かれ、労働者は余剰

価値を生み出す手段として扱われたのである。産業資本家と労働者の関係を機械的・形式的に平等と扱うよりは、両者の関係に存在する実質的な格差を認め、弱者としての労働者を保護し実質的な社会的平等を実現することのできる市民法原理の修正が必要となった。過失責任の原則からは過失がなければ責任なしとの考え方から、産業資本家は最大の利潤を生み出そうとし環境の破壊など考慮せず産業活動をすることによって公害問題を起こしたのである。

このような状況から市民法の原理は修正され、新しい法律を制定することによって社会法の領域として成長してきた。社会法という概念やその範囲などに関する学説は必ずしも一致しない。しかし、社会法が市民法の原理と対立する原理を打ち出していることについて異論はない。最も顕著なのが労働関係を規律する労働法である。市民法が考える人間は独立・自由・平等な抽象的で完全な理性をもつ存在であるが、すべての人間がそうではない。産業資本家と対比すれば労働者は収入を得るために依存的で、不自由、不平等な存在なのである。したがって、社会的弱者である労働者に実質的な独立・自由・平等を与えるための労働三法をはじめ、環境問題を解決するための環境基本法、消費者保護のための消費者保護基本法、貧困者層のための生活保護法など様々な法律が制定され社会法の領域を形成している。

4 実体法と手続法

実体法とは民法や刑法などのように権利・義務の発生、変更、消滅の要件を定めた法規である。しかし、権利・義務の実体を規定しているだけでは、その具体的な運用および実現をすることができない。実体法が定めた権利・義務関係を具体的に実現するための手続を規定した法規を手続法といい、民事訴訟法や刑事訴訟法などがこれにあたる。手続法がなければ実体法上の権利を現実に具体化する方法がないから、実体法と手続法は車の両輪にたとえ

られどちらが欠けても法の実現はできないのである。

5　任意法と強行法

そもそも法は道徳と異なって強制規範である。当事者の意思によって法の定める内容とは異なる効果を生じさせることを、強制規範である法が認めるか否かによって、任意法規なのか強行法規なのか区別できる。法のなかには当事者の意思によってその法規の適用を排斥することができるものと、その法規と異なる意思によって排斥できず無効となる法規がある。前者を任意法規といい、後者を強行法規という。大まかには公の秩序に関しないものを任意法規、公の秩序に関するものを強行法規といいうる。民法のような私法は私的自治の原則によってその多くが任意法規である。しかし、私法とはいえども身分法（婚姻、親子、養子縁組など）などは強行法規である。また、物権に関する規定は画一的・絶対的な内容を必要とするからおおむね強行法規である。一般的に公法は原則として強行法である。私法のなかにも強行法規があれば、公法のなかにも任意法規があるから、どのような法が任意法規または強行法規であるかは個々の具体的な条文の規定の仕方や解釈で判断しなければならない。

6　一般法と特別法

特定の職業や生活領域、すなわち一定の人、場所または事柄についてのみ適用される法を特別法といい、このような制限がなく一般的に適用される法を一般法または普通法という。ある事柄について特別法があればその特別法が適用され、特別法のない場合に限り一般法が適用される。これを「特別法が一般法に優先する」といい、別の表現で「特別法は一般法を破る」ともい

う。

　様々な理由で特別法が制定されるが、一般的には一般法では規律できない特別な分野についてその分野特有の法規が必要となり、特別法の制定が行われるのが通例である。一般法と特別法の区別は明白にしなければならないが、その区別は相対的である。たとえば、民法と商法との関係においては民法が一般法であるのに対して商法は特別法である。しかし、商法と国際海上物品運送法との関係では、民法に対して特別法であった商法が一般法となり、国際海上物品運送法が特別法となるのである。

　しかしながら一般法といえども人、場所、事柄について例外なく適用されることはない。民法の規定のなかにある婚姻に関する規定（民732条以下）は婚姻をしている者についてのみ適用され、工作物所有者の責任に関する規定（民717条）は工作物を所有している者に対してのみ適用される。しかしこのような民法規定を特別法とはいわない。また、すべての人が商人または労働者となりうるから商法や労働法も一般性をもつということができるが、これらを一般法とはいわない。

I-6 法の適用と解釈

1 法 の 適 用

(1) 法 と 裁 判

　AがBに殴られけがをしたとき、Bのなした行為が犯罪に該当し処罰することができるか否かの問題が生じる。またAはBから治療費や慰謝料などについて損害賠償の請求ができるかどうかの問題も発生する。そこでBがなした行為が処罰の対象になるのか、また損害賠償をしなければならないのかを決める必要が出てくるのである。このように具体的な事件をどのように処理すべきかを国家の機関である裁判所が決めることを裁判という。

　歴史的にみると、裁判という紛争解決の方法は近代的な司法制度が定着する以前にも存在していた。部族長や村の長老などによって共同体内部で行われたり、仲間同士で裁判をしたりした例もある。しかし近代国家においては、政治的権力が国家に集中され、裁判も国家が設けて運用することとなっている。

　国家が裁判を独占することによって、何らかの権利を侵害された者は司法手続によって権利回復を果たすこととなる。司法手続によらず実力をもって権利回復を果たす自力救済は原則的に禁止されている。原則的禁止というのはその例外がありうるとのことでもあるが、その場合でも「緊急やむを得ない特別の事情が存する場合においてのみ、その必要の限度を超えない範囲で、例外的に許される」（最判昭40・12・7民集19巻9号2101頁）としている。

(2) 法の適用の方法

　裁判における法の具体的な適用は形式的には三段論法の形で行われる。たとえば、殺人という事件があったとすれば、大前提として刑法199条殺人罪（「人を殺した者は、死刑又は無期若しくは5年以上の懲役に処する。」）という適用法規が定まり、小前提として被告人が故意で殺したという事実が確定されれば、「被告人を懲役10年に処する」という結論が判決として下されるのである。したがって事実関係を確定（事実認定）することやその事実関係に適用すべき法規とその意味を明確にすることは裁判官が行うべきことである。

　上記の例で裁判官が事実認定のとき、どのような状況の下で事件が発生したかという事実はただの事実認定に過ぎない。しかし人為的加害による死であり、被告人が殺すつもりで殺したのか（故意）、それとも殺すつもりではなかったが死んでしまったのか（過失）、または傷つけるつもりであったが死んでしまったか（傷害の故意）については法的評価が入ってくる。故意であれば刑法199条の殺人罪、過失であれば同法210条過失致死罪、傷害の故意があれば同法205条傷害致死罪と適用法規が異なるのである。

　事実認定においても適用法規においてもその判断をするのは裁判官である。裁判官の関与なしに裁判をすることができないから排除することはできない。判決は、大前提としての適用法規と小前提としての事実関係との機械的な組み合わせだけで自動的に出てくるのではなく、裁判官の判断によって導き出されるのである。

2　法の解釈

　法は文字や文章によってある特定の意味を表現している。しかも文字自体はいくつかの意味をもちうる。したがって、法を具体的な事件に適用するためにはその解釈が必要となる。法の解釈は適用すべき法の内容（法律要件）

を明確に確定しなければならない。法の内容は必ずしも疑問の余地のない明確なものではなく、相互矛盾する場合がなくもない。このような法の不明確または矛盾を明確にし、矛盾がないようにその内容を確定するのが法の解釈の目的である。

　法の解釈は、成文法においてはいうまでもなく、不文法である慣習法や判例法においても必要となる。慣習法においては慣習の内容の確認と法的確信の有無を確定するために、判例法においては個々の判決に内在する共通的かつ抽象的な法原理の確定が必要となる。しかし、法の解釈において最も重要なのは成文法の法規の解釈にある。

　変化が激しい現代社会において、制定当時に予想していた範囲を逸脱した具体的な問題に既存の法を適用することはできなくなった。しかし法的安定性を考えると簡単に法を改廃したり、新しく制定したりすることはできないから、文字や文章をある程度抽象的に表現することによって弾力のある運用ができるようにした。したがって、具体的な事案に対しての法の適用には予備作業として抽象的な法規範の具体化が必要となるのである。

(1) 法の解釈の必要性

　立法というのはある面において政治的な妥協の産物でもあるから、立法者が考えるほど完全性を有してはいない。つまり常に明確であり完全無欠な法というのは存在しないのである。法解釈はまず法文の文言を明確にすることからはじまる。法を制定する権限を有するのは立法機関であり、法を適用・運用する者は立法機関（立法者）の定めた法文の文字や文章に忠実な法の適用・運用が第1次的に求められる。しかし法文の文字や文章が不明確であったり、結果が不合理であったりした場合に初めて法解釈が問題となるのである。刑法199条は「人を殺した者は、死刑又は無期若しくは5年以上の懲役に処する」と定め、同法215条は「女子の嘱託を受けないで、又はその承諾を得ないで堕胎させた者は、6月以上7年以下の懲役に処する」と定めてい

る。「人」や「胎児」という概念は難しくないが、生まれかかっている赤ちゃんを殺した場合殺人罪なのか堕胎罪なのか必ずしも明確ではない。民法3条1項は「私権の享有は、出生に始まる」と定め、出生したときから人になるのである。しかし、その出生ということばも一見明瞭にみえるが、必ずしも明瞭ではない。陣痛が始まったとき（陣痛開始説）なのか、胎児の身体の一部が露出したとき（一部露出説。刑法、判例の採る立場）、全部が露出したとき（全部露出説。民法の立場）、胎盤呼吸から肺呼吸へ移行したとき（独立呼吸説）なのかなど出生の時点について様々な考え方があるのである。

　さらに「人」という文言の射程範囲も不明確である。死者は人にあたるのか、会社は人であるかどうか、「人」という文言だけからは一義的には明確でない。法の文言を忠実に適用したときにも不合理な結果になる場合も少なくない。立法者が時の経過や世の中のすべての可能性を網羅することのできる法を制定することは不可能であるから、立法者の意思とその結果が異なる場合もあるのである。したがって法の解釈は抽象的な意味内容をもつ法を具体的な事柄に適用するために、また時の経過によって実体にそぐわないものを補うために、その内容を明確にするための予備的作業として必ず行わなければならないのである。

(2) 法の解釈の方法

　法を解釈する方法としては、大別して有権解釈と学理解釈との二つに分けることができる。

1）有 権 解 釈

　有権解釈とは法の意味が国家の権限のある機関によって説明され確定する解釈のことである。有権解釈はその解釈を行う国家機関によって立法解釈、司法解釈、行政解釈の3種がある。

　①　立法解釈　　立法解釈とは国会の立法によって行われる解釈で、通常は法令の条文によってなされることが多い。代表的なものが法令でもって法

令の用語の解釈を定める場合である。たとえば、民法85条は「この法律において『物』とは、有体物をいう」と定めることによって民法典中の「物」の定義を定めている。

② 司法解釈　司法解釈とは司法機関である裁判所が裁判を通して示す法の解釈のことをいい、通常は判決・判例という形で示す。特に最高裁判所の法の解釈はその統一性をなす意味においても極めて重要である。

③ 行政解釈　行政解釈とは行政機関（官庁）によって行われる解釈である。一般的にはそれ自体拘束力をもつものではないが、上級行政官庁が下級行政官庁に対して特定の法の解釈運用を通達、訓令、回答などの形式で指示した場合にはその下級行政官庁はその通達による解釈に拘束される。

2）学理解釈

学理解釈とは国家の権限のある機関による解釈ではなく、学者や法律専門家の学説によって立法者の意図、法の目的・本質などを学理的思考に基づいて行う学問上・理論上の解釈である。有権解釈のような強制力や拘束力はないが、司法解釈や行政解釈のなかにとりいれられる場合がある。また法律の改正や制定の際に活用されることもあるから、その影響力は少なくない。学理解釈はさらに文理解釈と論理解釈との二つに大別するのが普通である。

① 文理解釈　文理解釈とは法文の文字、文字の配列または文章の構成などを検討し、法文全体の内容を明確にしていく解釈である。成文法は文字・文章で表現されているので、その解釈は文字・文章が最も大きな手がかりである。したがって、その法文を構成することばをどのように理解するかということが法の解釈の第一歩である。

解釈の基礎となるのはその法文のことばであるから、そのことばからかけ離れた解釈はできないのはいうまでもない。またそのことばを国語的な意味としてとらえれば、法の解釈は国語学者の仕事の領域になるだろう。たとえば、「善意」・「悪意」ということばはしばしば法文に現れる（民32条1項・94条2項・112条など）が、これは道徳的な意味ではない（裁判上の離婚の原因の一つである民法770条1項2号の「悪意で遺棄」は例外）。当事者がある事実を知らな

かった場合を「善意」といい、知っていた場合を「悪意」というのである。さらにことばも時代の変遷に伴って変化するものであることを忘れてはいけない。立法者は制定当時の意義をもって制定するだけであり、将来に変わるかもしれないことばの意味まで考慮して制定するわけではないからである。

②　論理解釈　　文字・文章は優れた情報伝達の手段ではあるものの、完全無欠なものではなく不完全な点からまぬがれることはできない。したがって、この不完全な法文を立法の趣旨ないし目的、社会的正義の変遷とそれに伴う法の意味・内容の変化、他の法との関係、当該法体系の基本原理との関係などを網羅的に考慮しながら法文の意義を論理的に解釈していく方法が論理解釈である。しかし、法の解釈はそれ自体が解釈である以上、法文を離れて奔放な論理的展開をしてはいけないのである。

　以下、重要な論理解釈の技術について説明する。

(a)　類推解釈　　類推解釈とは当該事項について明文の規定がない場合に、立法の理由が同一な類似事実を定めている他の規定を当該事項に適用し、同じ法的判断を導き出す解釈をいう。立法技術上の便宜を図るため、法文のなかに類推適用を明文として認める場合を準用という。たとえば損害賠償の範囲に関しては、債務不履行による場合については民法 416 条 1 項が「通常生ずべき損害」と規定しているが、不法行為による場合についてはその規定がない。これについて通説と判例は民法 416 条 1 項の規定を類推して適用すべきであるとしている。制定法ではないが、たとえば「犬を殺してはいけない」とした場合、猫も殺してはいけないのか。類推解釈からすれば、犬は動物であるという一般的な規範の一例であると考え、猫も動物であるから殺してはいけないと解釈できるのである。

　しかし類推解釈は民法のような民事法では容認されるが、罪刑法定主義の原則が支配する刑法においては認められない。もし類推解釈が認められると、裁判官や捜査機関が立法を行うことになってしまう。法律がなければ犯罪もなく、刑罰もないのである。

(b)　拡張解釈　　拡張解釈とは法文の文理解釈による結果が狭義に過ぎ、

その意義や目的が明確でない場合、法文を通常の意味より拡張して解釈する方法をいう。たとえば電車ということばの意味には機関車も含まれ、汽車にはその代用のガソリンカーも含まれると解釈するような場合である。

しかし拡張解釈は法文の内容にもともと広い意味のものも含まれているとするのであり、本来の法文の意図する枠を越えての意味を求めるわけではない。類推解釈とは異なり、拡張解釈は刑法においても許される、とされている。

(c) 縮小解釈　縮小解釈は拡張解釈と反対で、法文の文理解釈による結果が広く、その法の真意を十分に反映できないと考えられる場合に、法文の意味を縮小して解釈する方法である。要するに、縮小解釈は法文を文理解釈の意味より厳格に解釈する方法である。たとえば民法177条不動産に関する物権の変動の対抗要件での「第三者」や同法467条指名債権の譲渡の対抗要件での「第三者」はすべての他人を意味するのではなく、正当な利益を有する者だけを指すのである。

(d) 反対解釈　反対解釈とはある事項について法の規定があるとき、示されなかったそれ以外の事項については適用されないと解釈することである。たとえば民法3条1項は「私権の享有は、出生に始まる」と規定しているから、まだ出生していない胎児は私権を共有することができない（胎児については三つの例外がある）と解釈することである。社会的に話題となった同法733条1項は再婚禁止期間として「女は、前婚の解消又は取消しの日から六箇月を経過した後でなければ、再婚することができない」と規定しているが、男は法文のなかに示されていないから自由に再婚することができるのである。

(e) 変更解釈　変更解釈とは法文の字句を多少変更した意味として解釈する手法をいう。法令の改廃が行われずにあまりにも事情が変わってしまったときや法文の字句が不正確な場合などに行われることがある。しかし立法上の誤りが明白であるときや変更解釈の必然性が明白であるときに限られるべきで、むやみにするものではないとされている。

(f) もちろん解釈　類推解釈の一種であり、ある事項について法が規定

している場合に、他の同一属性をもつ事項にもあてはめることが、事の性質上当然である場合に同一と解釈する方法である。たとえば木製の橋の入り口に「乗用車通行禁止」という標識があれば、それより大きく重いトラックはもちろん通行禁止であると解釈する。

I-7

法 と 国 家

　かつて、人間が共同生活をする社会には社会的規範が存在していた。道徳的規範、宗教的規範、礼儀規範、風俗的規範といわれるものである。それが近代国家へと進歩して発展するにつれ、規範は法として強制せられるべきものとなった。そして、その基礎としての国家も成立するに至った。すなわち、人間の社会の発展過程において強制力ある統治組織の国家ができたのである。かかるゆえに、国家と法とは切り離すことのできないものとなった。

　国家（state, Staat, État）には大別して二つの意味がある。一つは国民が構成員となってつくっている団体としての国家であり、広い意味の国家である。この国家は国民、領域、主権の3要素から成り立っている。これを国家3要素説という。この国家概念は国家学者イェリネック（Georg Jellinek, 1851-1911）が唱えたものである。ここでは支配者と被支配者とが対立的に区別されないのが普通である。

　2番目は狭い意味での国家である。この国家は租税を徴収し、刑罰を科し、権力を行使し、命令する主体としての権力組織である。その特徴は支配者と被支配者とが対立的に区別されている点である。この国家概念は市民社会の形成とともに自然法思想の立場から統治者の立場と国民の立場とが対立的に意識化されたものである。その上に立って説かれたのが契約説である。結果的には国民と対立する権力組織としての国家概念となった。

　法形式的面だけをとらえれば、前者は国家そのものであるが、国を愛するというような場合の国家であり、実質的なものではない。むしろ国家の実質的なものは後者のほうである。国民の自由や権利を国家から守るために、国家権力を制限する国家と国民との関係を規定した憲法においては、国家の意

味を後者とする。

1 国家の起源

　国家はいかにして成立したのかという国家起源論は古くから論じられてきた。現代の国家の存立の根拠は何か、目的や歴史的背景はそれぞれ異なるものである。従来からの国家成立の起源について解説されてきた学説を展開してみることにする。

1) 神 意 説
　国家の起源を神の意思とするもの。それは神が国家を建設し、神の子孫が国家の支配者としての地位を継承するというものである。これは古代のイスラエル、エジプトなどの東方国家においてそういわれた。中世においてはアウグスチヌス（Aurelius Augustinus, 354–430）の「神の国」（Civitas Dei）という表現に示されている。それ以降、絶対君主を正当化する帝王神権説（王権神授説）が現われた。これは神が国家の創造者であり、国家を統治する君主は統治する権利を神より授与されていると説いたものである。ゆえに、人民は君主に対して絶対的服従をしなければならないと唱えた。この学説を代表するのはプロシアのシュタール（Friedrich Julius Stahl, 1802–1861）とフランスの神学者ボシュエ（Jacques Bénigne Bossuet, 1627–1704）である。

2) 家 族 説
　国家の起源を家族の拡大した団体であるとするもの。そして一国の君主は一家の家長の地位に匹敵し、国民は親に対する子のように君主を敬愛することを要求された。君主の統治権は国民に対して温情をもってする。フィルマー（Sir. Robert Filmer, 1588頃–1653）は家長権が君主権に転化したものであると説いた。そして理論的にチャールズⅠ世（Chares I, 1600–1649）の族父権的全能者としての王の絶対君主的地位を正当化した。家族は部族を生み、部族は村落を構成し、村落は国家に発展する。

3）財　産　説

　国家は財産である土地を確保してそれを維持するために成立したとする。人類が狩猟採集の自然経済の時代から農業経済の定住段階になるに及んで発生した学説である。土地が重要な財産となり、国家の発生要因は土地の私有であるとする。この理論はスイスの政治思想家ハラー（Karl Ludwig von Hallar, 1768-1854）が説いたが、社会経済の基盤が土地であって、土地の領有が政治権力を生み、国家となり、国家権力となるとすると、土地のみが社会経済の基盤ではない今日のような時代にはこれを認めることはできない。

4）契　約　説

　国家は人民の契約によって成立する。この契約は社会契約と統治契約である。自然法学により唱えられた国家成立の起源を国民相互間における社会契約、支配者と被支配者との間における統治契約によるとする。

　国家成立の起源を契約とする思想は古代ギリシアの哲学者によって提唱されたが、16世紀に至ってこの説を主張した先駆者はイギリス国教会の僧フーカー（J. J. Huker）であった。17、18世紀に入り、イギリスのホッブス（Thomas Hobbes, 1588-1679）、ロック（John Locke, 1632-1704）、フランスのルソー（Jean-Jacques Rousseau, 1712-1778）、ドイツの法学者プーフェンドルフ（Samuel von Pufendorf, 1632-1694）らが契約説を唱えた。

5）実　力　説

　国家は強者が実力によって弱者を支配するために成立したとする。権力は物の私有から生じた。生じた権力は人に対する権力に移行するとする実力説は純物質的な国家観をもち、国家の精神的要素、すなわち支配者と被支配者との間に存する倫理的結合などを無視している。無政府主義者、社会主義者の主張する学説である。この説は古代ギリシアにおいてソフィスト一派によって提唱され、近世においてはオランダの哲学者スピノザ（Baruch de Spinoza, 1632-1677）らが主張した。

6）有　機　体　説

　国家は人為的にできたものではなく、有機体のように自然的に発生し、無

意識的に成長したものであるとする説である。しかし、国家を一個の有機体とみなすことは理論上不可能である。国家の成立や発展に人間の影響がまったく無視されている欠点をもっている。

2 国家の構成要素

　独立国家の構成要素は領域（一定の地域）、国民（一定の人民）、主権の三つである。これを国家の本質ともいった。

(1) 領域（一定の地域）

　国家は一定範囲の地域を基盤とする地域団体である。一定範囲の地域を基盤とするのは固有の統治権力（主権）の対象となっているからである。統治権力の及ぶ範囲でもある。領域には領土、領海、領空を含んでいる。
　領土は陸地および湖川港湾の内水を含む。領海は領土の周囲の一定の海域である。領空は領土、領海をおおう上空をさす。また、自国の領土の延長や領土の一部とみなされ、自国の法律が適用されるものがある。それは自国の艦艇、公海上にある自国の船舶、租借地、占領地、委任統治地などである。

(2) 国民（一定の人民）

　国家を構成する人々を国民という。国民の資格の有無は国籍の有無によって決定される。国籍とは身分上その国家に帰属する関係にあることをさす。国籍を有する者はその国家の構成員・国民である。日本国憲法第10条は「日本国民たる要件は、法律でこれを定める」とし、その詳細は国籍法に規定している。日本国民でない者は外国人（国籍4条1項）と呼ばれる。外国人には、外国の国籍を有する者と、外国の国籍をもたない無国籍人とがある。

国民のなかで参政権を有する者を公民と称する。すなわち国政に参与する地位にある国民を公民といった。臣民とは君主国、特に、明治憲法（大日本帝国憲法）下の日本の国民を規定した。人民とは社会を形成している人、特に、元首以外の人をさした。市民とは国家への義務と政治的権利を有する国民をいった。住民とは地方公共団体の人的構成要素で、その区域内に住所を有する自然人か法人であり、国籍、年齢、届出、行為能力などは問わない。

(3) 主　　　権

　国家は統治団体である。立法、行政、司法などの統治作用は統治権力の発動である。この統治権力を主権という。または統治権あるいは国権ともいう。国家は強制力のある統治組織であるので権力を必要とする。国家を統治する最高、絶対、唯一、永久の権力である。

　主権の意思を表現する者が国家構成のなかで特定された一人であるとき君主主権となり、それが国民であるときに国民主権となる。

　主権の概念を確立したのは16世紀後半のフランスのジャン・ボダン（Jean Bodin, 1530–1596）といわれている。さらに、国王の権力を最高、絶対、無制限なものと主張したのはホッブスである。現在は、民主国における主権として国民主権論が唱えられている。日本国憲法の前文にも、「ここに主権が国民に存することを宣言し」とあり、第1条でも「主権の存する日本国民」と規定している。

　① 最高性　　主権は最高でなければならない。その理由は、主権は国家における最終的な意思決定をする権力だからである。主権在民は主権のこの性格を表現している。

　② 永久性　　主権は永久的であることを必要とする。この永久性とは永遠の意味ではなく、無限の意味である。すなわち恒久的性質を有している。

　③ 固有性　　主権の最高性は固有のものであることを必要とする。

　④ 不可分性　　主権の最高性は単一でなければならない。すなわち主権

は分割することはできない、不可分のものである。ゆえに三権分立というのは、主権そのものを3分割するものではない。それは主権の作用を3分割することを意味する。

⑤ 不可侵性　主権は法律によって制限されないのが原則である。主権は主権者の意味であり、主権を有する者は何ものからも拘束を受けない者である。

3　国家の形態

国家の種類はいろいろな基準によって分類される。大別すると次のようになる。

(1) 国家の構成による形態

1) 複合国家

複合国家は多くの国家が統合して一つの大きな国家をなしている。典型的なものは連邦（federal state）である。たとえば、アメリカ合衆国は50の州（state）が集まって連邦という一つの国をつくっている。ドイツ連邦共和国は16のラント（Land）が集まって国を形成している。スイス連邦共和国においては26の州・カントン（canton）が集まって国をなしている。そのほかに連合国家、物的連合国家、人的連合国家などがある。

2) 単一国家

単一国家は中央集権を本来の意味とする。国家的性質の団体を国家内に存在させない国家である。ゆえに、主権は国家に統一され、対内的に最高の主権を享有する。

(2) 政治体制による形態

1）君　主　制

　君主は皇帝、国王、大公、天皇などが世襲の栄誉的、尊厳的な地位にある。かつては主権が君主と呼ばれる一人の人間に属すること、国家意思が一人の人間の自然意思によって構成されることが君主制（monarchy）とされた。しかし、専制君主制から制限君主制の立憲君主制、そして議会主義的君主制へと移行した。現在の君主は社交君主（social monarch）といわれ、国内外的な社交や儀礼を司る。その地位は形式化、象徴化している。

　日本国憲法に規定されている天皇は重要な世襲の国家機関である。形式的には総理大臣を任命し、それ以上の地位にある。しかし、対内的に統治権は国家機関に存在し、対外的に日本国を代表するのは総理大臣である。

2）共　和　制

　国民によって選ばれた代表が国政を司る政治体制の国家をいう。共和制（republic）は議会制、大統領制、ソビエト制に分類され、会議制または単独性であっても国民から選ばれた国民代表の機関である政体をさした。また、共和制は貴族制、寡頭制、民主制とに区別される。

3）民　主　制

　民主制（democracy）は国民全体が主権者である。国民自らが直接に国家統治を行う国家体制をいった。国民が選んだ代表機関によって統治を行うのが民主制である。

4）独　裁　制

　独裁制（dictatorship）とは国家統治の意思決定が多数の国民によらないで、すべての権力が一個人や少数者の集団、一党派によって支配される政体をいう。国家統治権の作用する立法、行政、司法の権力分立を否定し、独裁者の一手に集中させる形態である。独裁制は立憲主義から出発し、これを無視した政党独裁制の一党独裁にみられる。一党独裁の政治国家はファシスト・イタリア、ナチス・ドイツ、旧ソビエト・ロシア、中国共産党・中華人民共和

国などがそれである。

(3) 国際法上の能力による形態

1) 独 立 国

独立国は国際法上の能力を他の国家権力によって制約されない国家である。国際法上で完全な主権能力を備え、その主権を完全に実際に用いることが可能な国をいう。

2) 非 独 立 国

非独立国とは国際法上の能力を他の国家権力によって制約されている国である。ここでは国際法上の完全な主権能力がなく、一部の主権を行使しうる国（一部主権国）をいう。非独立国には従属国（付属国）と被保護国と被占領国とがある。

従属国は宗主国に対して従属している国をいう。半ば独立しているが、宗主国の法律で認めた範囲内において国際法上の能力をもつ国である。被保護国は保護国との間の保護条約によって認められた範囲内において能力を有するものである。これに対して保護国は一定の干渉権を有する。被占領国は敗戦によって戦勝国に占領された国をいう。占領期間中は占領国によって内外の政治や外交を管理されるために完全な国家権力の行使ができない国となる。非独立国の主なものは、台湾、グアム、プエルトリコ、グリーンランド、アイスランド、琉球（現在の沖縄県）などがある。

3) 永世中立国

永世中立国とは永久に中立を守ることを国内外に宣言した国をいう。他国によって中立が尊重された国であり、現在ではスイス連邦共和国、オーストリア共和国、トルクメニスタンがそれである。

中立国は交戦国軍隊への基地提供、軍需品の補給、交戦国の通信機関設置の回避などの権利・義務がある。また、交戦国軍隊の出入り・停泊を公正に管理するなどの中立の尊重が要求される。中立国の権利としては交戦国もこ

れを尊重して中立国の領土内においては戦争行為をしてはならない。永世中立国は国際連合に加盟しても武力制裁には参加できない。

4) 国際連合

国際連合は国家を成員とする国際社会の最も権威ある機関である。国際連合加盟国は現在 193 か国（2011 年 7 月現在）に及ぶ。

国際連合の重要機関として安全保障理事会がある。安全保障理事会は国際平和および安全維持に関する重要な責任を負う機関である（国連憲章 24 条）。国際紛争の処理は安全保障理事会の手に委ねられている。

I-8 法と権利義務

1　権利義務の意義

権利とは私たちが一定の利益を享受するため法によって付与された力であると定義される（法力説、ドイツのレーゲルスベルガー〔F. Regelsberger, 1851-1911〕らの主張＝通説）。他に、権利意思説＝権利は意思の力もしくは意思の支配力である（ヴィントシャイト〔Bernhard Windscheid, 1817-1892〕らの主張）。権利利益説＝権利は法により保護される利益である（イエーリング〔Rudolf von Jhering, 1818-1892〕らの主張）とする考え方がある。

権利は Right, Recht, Droit の訳語である。法は Law, Recht, Gesetz, Droit であり、Law, Gesetz に権利という意味はない。

2　権利の分類

権利は、公法上の権利（国際法上各国家に認められる独立権、平等権、自衛権など）と国内法上の公権（国家公権＝国民統治のための権利として財政権、警察権、刑罰権など。国民公権＝国民が国家に対して有する権利＝生存権、参政権など）に分類できる。

私法上の権利としては、

① 作用による分類　(a)支配権＝権利の客体を支配することを内容とする権利で、物権、知的財産権（著作権、工業所有権）など。(b)請求権＝ある人がある人に対してある行為（給付）を請求することのできる権利で、財産的

請求権として債権、損害賠償請求権、物権的請求権（妨害予防請求権、妨害排除請求権、返還請求権）、登記請求権など。身分的財産的請求権として扶養請求権、財産分与請求権、養育料請求権など。純身分的請求権としては認知請求権、同居請求権などである。(c)形成権＝権利者の一方的意思表示により（相手の同意を得ることなく）権利変動（権利の発生・変更・消滅）を生ぜしめる権利のことで、取消権、解除権、追認権、同意権、相殺権、撤回権、放棄権などがある。(d)抗弁権＝他人の請求を一時的に拒絶しうる権利のことで、同時履行の抗弁権（民533条：売買で売主が目的物を引渡すまで代金支払を拒絶すること）や保証人の抗弁権として、催告の抗弁権（民452条：債権者が保証人に催告したとき、まず主たる債務者に請求してくれと拒絶しうること）と検索の抗弁権（民453条：債権者がそれでも請求してきたとき、保証人が主たる債務者に弁済の資力のあることと執行の容易なことを立証してさらに拒絶すること）がある。連帯保証人にはこの拒絶権はない。

② 内容による分類　(a)財産権＝財産的利益を内容とする権利で、物権、債権、知的財産権など。(b)人身権＝人格的身分的利益を内容とする権利で、人格権は生命権、身体権、自由権、名称権、貞操権、肖像権、信用権など。身分権には夫婦同居請求権、親権、扶養請求権などがある。

③ 移転性の有無による分類　(a)一身専属権＝移転性のない権利のことで、その人でなければ享有しえない享有専属権（文化功労者年金受給権）と、その人でなれば行使しえない行使専属権（慰謝料請求権）に分けられる。(b)非専属権＝移転性のある権利で、売買とか贈与・相続の対象となる権利である。

④ 絶対権と相対権　絶対権とは何人に対しても主張しうる権利のことで、物権や知的財産権など。相対権とは特定の人に対してのみ主張しうる権利のことで、債権がそのよい例である。

3 義務の概念と分類

　義務とは一定の作為または不作為をなすべき法的拘束である。法律は義務中心の規定（……しなければならない）から、権利中心の規定（……することができる）に変わってきている。権利の行使、義務の履行は信義に従い誠実に行わなければならない（民1条2項）。

　義務は作為義務（借金返済義務など）と不作為義務（夜10時以降騒音を出さない約束など）、国際法上の義務と国内法上の義務、公法上の義務（納税、教育を受けさせる義務など）と私法上の義務に分けられる。

I 法とは何か 引用・参考文献

青井秀夫『法理学概説』有斐閣、2007 年
碧海純一『法学における理論と実践』学陽書房、1975 年
碧海純一『法と社会』中公新書、1967 年
伊藤正己・加藤一郎編『現代法学入門』(第 4 版) 有斐閣、2005 年
鵜飼信成『法とは何か』日本放送出版協会、1969 年
近江幸治『民法講義 (I) 民法総則』(第 6 版) 成文堂、2008 年
大木雅夫『比較法講義』東京大学出版会、1992 年
尾高朝雄『法の窮極に在るもの』有斐閣、1947 年
大森政輔・鎌田薫編『立法学講義』商事法務、2006 年
加藤新平『法哲学概論』(法律学全集 1) 有斐閣、1976 年
斎藤靜敬・覺正豊和『法学・憲法』八千代出版、2007 年
佐藤幸治ほか『法律学入門』(第 3 版補訂版) 有斐閣、2008 年
詳解法学便覧編集部『法学概論』評論社、1959 年
末川博編『法学入門』(第 6 版) 有斐閣、2009 年
杉山逸男『法・憲法』評論社、1984 年
杉山逸男編『法学概論』八千代出版、1983 年
大学教育社編『現代政治学事典』(新訂版) ブレーン出版、1998 年
田島信威『法令入門』(第 3 版) 法学書院、2008 年
田島信威編『法令の仕組みと作り方』ぎょうせい、1988 年
田中成明『法理学講義』有斐閣、1994 年
田中成明『法的思考とはどのようなものか』有斐閣、1989 年
団藤重光『法学の基礎』(第 2 版) 有斐閣、2007 年
中島誠『立法学』(新版) 法律文化社、2007 年
長谷川晃『権利・価値・共同体』(法哲学叢書 2) 弘文堂、1991 年
古田重明編『現代法学』(第 2 版) 八千代出版、2000 年
星野英一『法学入門』放送大学教育振興会、1995 年
三島淑臣『法思想史』青林書院新社、1980 年
水辺芳郎編『演習ノート法学』(第 3 版) 法学書院、2005 年
宮沢浩一ほか編『法学リーディングス』(第 2 版) 成文堂、1991 年
宮沢俊義『法律学における学説』有斐閣、1968 年
森村進『財産権の理論』(法哲学叢書 6) 弘文堂、1995 年
山本庸幸『実務立法演習』商事法務、2007 年
我妻栄『法学概論』有斐閣、1974 年

II 法の体系

II-1

憲　　法

1　憲法総論

(1) 憲法の意味

1) 概　　説

　憲法とは、国家という統治団体の存在を基礎づける基本法であり、国の最高法規である。憲法の概念は多義的であるが、まず、形式的意味の憲法と実質的意味の憲法に分けることができる。

　形式的意味の憲法とは、憲法典として成文法のかたちで存在する憲法をいう。現代国家の憲法は憲法典の形式で制定されているのが通常である。一方、実質的意味の憲法とは、成文法、不文法を問わず、ある特定の内容を有する憲法のことをいうが、これには固有の意味の憲法と近代的意味の憲法がある。

　固有の意味の憲法とは、国家という社会の規律を定める基本法を意味し、国家権力の組織や相互関係に関する規範がこれにあたる。国家であれば、いかなる国家もこの規範を有している。一方、近代的意味の憲法とは、立憲的意味の憲法とも呼ばれ、18世紀末の近代市民革命を契機として誕生した憲法である。すなわち、絶対的な国家権力を制限し、国民の権利を守るため、権力分立や人権保障をその内容に有している憲法である。日本国憲法は、憲法典の形式で与えられているから形式的意味の憲法であり、また、その実質的内容に着目すると、近代的意味の憲法であるといえる。

2) 憲法の分類

　憲法は様々な観点から分類が可能であるが、代表的な分類として、その形

式、改正手続および制定主体に着目した分類がある。

　形式による分類としては、成典憲法と不成典憲法がある。前者は、憲法典として成文化された法典の形式で制定された憲法であり、後者は、実質的意味の憲法が成文の法典として制定されていない憲法をいう。改正手続による分類としては、硬性憲法と軟性憲法がある。前者は、憲法改正に、法律制定手続よりも厳格な手続を必要とする憲法をいい、後者は、一般の法律を制定するのと同様の手続によって改正しうる憲法をいう。制定主体による分類としては、欽定憲法、民定憲法および、協約憲法がある。欽定憲法は君主が主権者として制定した憲法、民定憲法は国民主権の下で国民が直接制定した憲法、協約憲法は1830年のフランス憲法のように君主と国民の合意によって制定された憲法をいう。

(2) 日本憲法史

1) 大日本帝国憲法の制定

　わが国で最初の近代的意味の憲法は、1889（明治22）年に制定された「大日本帝国憲法」である。この憲法は、第2章「臣民権利義務」で権利を保障し、第3章「帝国議会」、第4章「国務大臣及枢密顧問」、第5章「司法」として権力分立も採用しており、形式上は近代立憲主義の思想に基づく憲法典であった。しかし、神権天皇制が採用されていたことや、保障されていた権利は法律による制限が広く許されるもので、人権とは異質の臣民の権利に過ぎないこと、天皇は統治権を総攬し天皇主権を採用していたことなどから、外見的立憲主義の憲法に過ぎないと評されている。

2) 日本国憲法の制定

　日本は第2次世界大戦に敗戦し、ポツダム宣言を受諾した。占領下でGHQは憲法改正を強く求め、松本烝治を長とする憲法問題調査委員会が設置され憲法改正案が審議されることになる。しかし、松本案は守旧性が強く、それを知ったGHQは自ら草案の作成を行って日本政府に手交し、これに

沿って憲法改正が進められることになる。そして、大日本帝国憲法73条の規定に従い、憲法改正草案が第90回帝国議会に提出され、若干の修正を経て可決された。そして、1946（昭和21）年11月3日に「日本国憲法」として公布され、1947年5月3日から施行されている。こうした経緯で制定された日本国憲法は、日本が自主的に制定した憲法とはいえず、GHQによって押し付けられた憲法だという批判もある（いわゆる、「押し付け憲法論」）。

(3) 国民主権と象徴天皇制

1) 国民主権

　国民主権とは、一般に、「国の政治のあり方を最終的に決定する権力ないし意思あるいは権威を国民がもっていること」と説明される。主権が国民にあるとすることから、国家権力は観念的な国民から導き出される正当なものであることが根拠づけられるとともに、具体的存在としての国民が実際に政治的活動を行い、意思決定を行う機能を有することも導かれる。一般に、前者を国民主権の正当性の契機、後者を権力性の契機と呼んでいる。憲法は、前文および1条で国民主権主義を採用することを明確にしている。

2) 象徴天皇制

　① 天皇の地位と皇位の継承　　大日本帝国憲法では、天皇は主権者であり、統治権の総攬者であったが、日本国憲法1条は天皇を「象徴」とした。象徴とは、抽象的・観念的な事柄を、具体的・実在的な物で置き換えて表現する作用をいい、平和の象徴はハトであるというような用いられ方をする。憲法は、日本国あるいは日本国民統合という抽象的・観念的な概念を天皇の存在に形式的に結びつけているのである。また2条では、皇位が世襲であることを規定し、継承の詳細については法律である皇室典範が定めるものとしている。世襲制は、本来、民主主義の理念や平等原則に反するものであるが、憲法は天皇制を存置するために世襲制を規定したものと考えられている。

　② 天皇の権能　　憲法4条1項は「天皇は、この憲法の定める国事に関

する行為のみを行ひ、国政に関する権能を有しない」と定めており、6条および7条にその具体的な行為を列挙している。国事に関する行為（国事行為）は、一般に政治に関係のない形式的・儀礼的行為をいうと解されており、「国政に関する権能を有しない」とされていることから、政治に実質的な影響を及ぼす権力行使は許されないことになる。また、3条により、国事行為には内閣の「助言と承認」が必要とされることになり、その行為の結果については内閣が責任を負い、天皇は無答責とされる。国事行為として憲法に列挙された行為には以下のものがある。(a)内閣総理大臣の任命、(b)最高裁判所長官の任命、(c)憲法改正、法律、政令および条約の公布、(d)国会の召集、(e)衆議院の解散、(f)総選挙の施行の公示、(g)国務大臣および法律の定めるその他の官吏の任免、全権委任状および大使および公使の信任状の認証、(h)恩赦の認証、(i)栄典の授与、(j)批准書および外交文書の認証、(k)外国の大使および公使の接受、(l)儀式の執行。

また、天皇は国会開会式で「おことば」を朗読し、国内の巡幸を行い、あるいは外国元首の接受等の行為も行っている。これらは国事行為として規定されていないが、私的な行為とみなすことも困難である。そこで、こうした行為は天皇が象徴の地位にあることによる公的な行為として認め、国事行為に準じて内閣のコントロールの下に置いている。

③　天皇の権能の代行　　天皇が成年（18歳）に達しないときや、精神・身体の重患または重大な事故があるときは摂政が置かれ、天皇の名で国事行為を行うことになっており、その詳細については皇室典範が定めている（憲5条）。また、摂政を置くに至らない程度の精神・身体の疾患や事故があるときは、天皇の委任によって国事行為を臨時に代行させることができ、国事行為の臨時代行に関する法律が定められている（憲4条2項）。

(4) 平 和 主 義

日本国憲法は第2次世界大戦の悲惨な体験をふまえ、基本原理の一つとし

て平和主義を採用し、戦争と戦力の放棄を宣言した（憲前文・9条）。憲法が規定する平和主義の原理は、第一に、侵略戦争を含めた一切の戦争と武力の行使および武力による威嚇を放棄したこと、第二に、それを徹底するために戦力の不保持を宣言したこと、第三に、国の交戦権を否認したことの3点において、極めて厳格な戦争否定の態度を打ち出している。

2　基本的人権

(1) 人権総論

1) 概　　説

　基本的人権とは、人間が人間である以上、当然に有する権利をいい、人権あるいは基本権ともいわれる。ヨーロッパの17、18世紀の市民革命期において、国家に先立ち、国家によっても侵されない超実定法的な権利である自然権が存在するという考え方に基づいて、人権は人種・性別・身分を問わずすべての人に保障されていると考えられるようになった。近代市民革命では、個人の権利や自由の獲得が目的とされたため、当初、人権は個人の自由を保障する自由権や平等権が中心とされた。その後、国政に国民の意思を反映させるために参政権が生まれ、さらに20世紀に入ると、資本主義の発展とともに貧富の差が拡大するようになったことから、社会的・経済的弱者に対して積極的配慮を国家に求める社会権も登場してきた。現在では、新しい人権も主張されている。

2) 基本的人権の享有主体

　人権は、人間が当然に享有できる普遍的な権利であるが、憲法第3章は「国民の権利及び義務」となっており、権利主体は「国民」すなわち日本国籍を有する者となっている。そこで、国民ではあるが特殊な地位にある天皇・皇族や、外国人、あるいは法人等につき、人権の享有を認めることがで

きるか否かが問題となる。

　まず、天皇や皇族については、日本国籍を有する日本国民であり、人であることにかわりはないから人権の享有が認められるが、皇位が世襲であることや、その地位の特殊性に伴う必要最小限度の制約がかかると解される。また、外国人や法人については、人権の性質上可能な限り保障が及ぶと解されているが、どのような人権の享有が認められるのかは、個々の人権の性質に照らしてその可否が検討されることになる。たとえば、外国人の場合には、入国・再入国の自由や、国政選挙における参政権、社会権あるいはわが国の政治的意思決定やその実施に影響を及ぼす活動の自由などについては、その権利の性質上保障は及ばないと解されている（外国人について最大判昭53・10・4民集32巻7号1233頁など、法人について最大判昭45・6・24民集24巻6号625頁など）。

3）基本的人権の限界

　① 公共の福祉による人権の限界　　憲法上、人権が保障されていても、その保障は絶対無制約というわけではない。人権は他者の権利と衝突することがあり、こうした場合に、その衝突を調整するため人権が制約されることがある。こうした人権と人権の矛盾や衝突を調整する原理を「公共の福祉」と呼んでおり、これによる制約は憲法上予定されている（憲12条・13条・22条1項・29条2項）。

　② 特別な法律関係における人権の限界　　公権力と特別な法律上の関係にある者に対しては、一般国民と異なる人権制約が許される。具体的には公務員関係や在監関係における人権が問題になる。

　公務員に対しては、政治的行為の制限（国公102条、人事院規則14-7、地公36条）や労働基本権の制限（国公98条2項、地公37条）が規定され、人権が制約されている。憲法は、15条2項や73条4号で公務員関係の存在を予定し、その自律性を憲法秩序の構成要素として認めていることから、公務員であるがゆえの制約も肯定されることになるが、人権に対する制約は、行政の中立性の確保や国民生活全体の利益を保障するという目的を実現するため、必要

最小限度にとどまらなければならないと解すべきであろう。しかし、判例はゆるやかな基準を用いて広範な制約を合憲としており、こうした考え方に対しては、学説上批判が強い（政治的行為の制限について最大判昭 49・11・6 刑集 28 巻 9 号 393 頁など、労働基本権の制限について最大判昭 48・4・25 刑集 27 巻 4 号 547 頁など）。

また、刑務所や拘置所に強制的に身体を拘束されている在監者についても、憲法 18 条や 31 条が在監関係とその自律性を憲法の構成要素として認めていることから、拘禁や戒護等の在監目的を達成し、刑事収容施設内の秩序を維持するために人権の制約が認められる。しかし、この制約も、目的達成に必要な最小限度の合理的な制約でなければならないであろう（最判昭 58・6・22 民集 37 巻 5 号 793 頁）。

③　私人間における人権の限界　　元来、憲法が保障する人権は国家からの自由を意味し、公権力と国民の関係で保障される権利・自由であると考えられてきた。しかし、現代社会においては、国家以外の社会的権力であるマスコミや巨大企業のような私的団体によって人権が侵害される現象が発生し、これらによる人権侵害から国民の人権を保護する方途が求められるようになった。こうした関係についても憲法の規定を直接適用して規律するという考え方もありうるが、通説・判例は、公序良俗に反する法律行為は無効であると定める民法 90 条のような私法の一般条項のなかに憲法の趣旨を読み込んで解釈を行い、間接的に私人間の行為を規律して解決を図るという間接適用説の考え方を採っている（最大判昭 48・12・12 民集 27 巻 11 号 1536 頁）。

(2) 包括的基本権と法の下の平等

1) 生命・自由・幸福追求権

憲法は、14 条以下において歴史上重要な権利について保障しているが、社会の変化とともに新たに保障の必要性が認められる権利も生じてきた。こうした権利を一般に「新しい人権」と呼んでおり、その内容が明確なものに

ついては13条の幸福追求権の一態様として、人権としての保障を受けうると考えられている。新しい人権として様々なものが主張されているが、判例上認められているのは、肖像権、プライバシー権、人格権としての名誉権、宗教上の信念に基づく輸血拒否の意思決定権などにとどまる（最大判昭44・12・24刑集23巻12号1625頁、最判昭56・4・14民集35巻3号620頁、最判平12・2・29民集54巻2号582頁など）。

2) 法の下の平等

憲法14条は、国は国民を不合理に差別してはならないことを定めた。これは、立法、行政、司法のあらゆる国家行為を拘束する一般的な原則であると同時に、個々の国民に対しては、法的に平等に扱われる権利を保障したものである。

14条1項は、「法の下」の平等を保障しているが、この意味は、法を適用する際の平等のみならず、法を制定する際にも平等な内容の法を定めなければならないことを要求していると解される。なぜなら、内容が不平等な法をいかに平等に適用しても不平等な結果になるからである。また、ここでいう平等は、絶対的な平等ではなく、人の事実上の違いに着目し、等しいものは等しく、等しくないものは等しくなく取り扱うべきであるという相対的平等を意味する。したがって、たとえば、産前産後の休暇や生理休暇のように労働条件について女性を優遇したり、累進課税のように各人の資力に応じて税額に差異を設けるような、人の事実上の差異に着目した合理的な区別は憲法上許容される。14条1項後段に列挙している人種以下の5事項は、歴史的に不合理な差別が行われてきたものを例示したものであり、教育、財産などこれ以外の事項であっても不合理な差別であれば許されない。

法の下の平等に関する判例は多いが、違憲の判断がなされたものとして、一般の殺人に比較して尊属殺に重罰を科していた刑法200条は、目的達成のための手段の合理性を欠くとして違憲と判断した事例（最大判昭48・4・4刑集27巻3号265頁）や、議員定数一人あたりの有権者数の最大区と最小区との比が、4.99対1になっていた昭和47年12月10日の衆議院議員選挙は、選挙

権の平等要求に違反し違憲の瑕疵を帯びると判断した事例（最大判昭 51・4・14 民集 30 巻 3 号 223 頁）がある。また、合憲とされたものとしては、相続財産について、非嫡出子に嫡出子の 2 分の 1 の法定相続分しか認めない民法 900 条 4 号但書前段の規定は、憲法 14 条 1 項に反しないとした事例（最大決平 7・7・5 民集 49 巻 7 号 1789 頁）や、女性の再婚禁止期間を定めた民法 733 条は、憲法の文言に一義的に反するとはいえないとした事例（最判平 7・12・5 判時 1563 号 81 頁）などが有名である。

なお、14 条 1 項の平等原則をふまえ、憲法は、貴族制度の廃止（憲 14 条 2 項）、栄典に伴う特権の禁止（憲 14 条 3 項）、公務員の選挙における平等（憲 15 条 3 項・44 条）、家族生活における平等（憲 24 条）、教育の機会均等（憲 26 条 1 項）などの条項で、その趣旨をさらに具体化している。

(3) 自　由　権

自由権は人権類型のなかでも中心的な地位を占めるものであり、精神的自由、経済的自由、人身の自由に大別される。

1）精神的自由

① 思想・良心の自由（憲 19 条）　外国では明文で思想・良心の自由を保障する憲法は少ないが、日本では旧憲法時代に特定の思想を強制するなどの経験があったため、思想・良心の自由の保障を重視し、独立した条文を設けている。思想や良心は、それが内心にとどまる限り、他者の権利と衝突することはないから絶対的に保障される。また、国民がいかなる思想を抱いているかについて、国家権力が強制的に調査や推知をすることも許されない。これは、沈黙の自由と呼ばれている。

② 信教の自由（憲 20 条）　近代自由主義は中世社会における宗教的圧迫に対する抵抗から生まれたものであった。また、戦前の日本では神社神道が優遇され軍国主義の支柱にもなっていた。こうした歴史認識をふまえ、憲法は個人の信教の自由を保障するとともに、特に国家と宗教の分離を定めて

いる。

　信教の自由の内容としては、第一に、信仰の自由がある。これは、内心において、宗教を信仰することや、信仰する宗教を選択、変更することについて個人が任意に決定できる自由である。この自由は人の心のなかの問題であり、他者の人権と衝突することはないから絶対的に保障される。第二に、宗教的行為の自由がある。これは、信仰に関し、個人が単独で、あるいは他者と共同で、様々な宗教行事を任意に行う自由である。こうした行為を行わない自由や、参加を強制されない自由も含まれる。第三に、宗教的結社の自由がある。これは、特定の宗教の宣伝や宗教的行為の実施を目的とする団体を結成する自由である。こうした団体に加わらない自由や団体内部の自律権も保障される。

　さらに、国家と宗教が結合すると、少数者の信教の自由を損ない、あるいは、宗教自体が堕落してしまうおそれがあることから、政教分離の原則も定められている。これにより、国家と宗教が相当とされる程度を越えたかかわり合いをもつことが禁止される。政教分離原則に違反しているか否かについては、(a)問題とされる国家の行為が世俗的目的をもっているか否か、(b)その行為の主要な効果が宗教を振興しあるいは抑圧するか否か、(c)その行為が宗教との過度のかかわり合いを促すか否かの3要件を個別に検討して審査する、いわゆる目的効果基準を用いて判断される（最大判昭52・7・13民集31巻4号533頁など）。

　③　学問の自由（憲23条）　　学問の自由は、個人の行う真理の探究を国家が圧迫・干渉することを許さないとするもので、具体的には、研究対象を選んで研究を行い、その成果を発表し、それを教授するという一連の過程の自由が保障される。さらに、大学を研究教育の中心的な機関としてとらえ、大学の内部行政に関しては大学の自主性に委ねるという大学の自治も認められている。具体的な内容として、教員人事における自治、施設管理における自治、学生管理における自治が挙げられている。なお、判例は、大学の自治の主体となるのは教授や研究者であり、学生はその主体とは認められないと

いう考え方に立っている（最大判昭38・5・22刑集17巻4号370頁）。

④　表現の自由（憲21条）　表現の自由は、内心における精神作用を広く外部に公表する精神活動の自由である。自由な言論活動が保障されることで、人は自己の人格を成長させるとともに、国民主権の下で政治に参加して民主的な政治の実現に寄与することもできる。それゆえ表現の自由は、極めて重要な人権の一つである。また、明文化はされていないが、いわゆる知る権利も内包していると解されている。

憲法21条1項は、まず、集会・結社の自由を保障している。集会は特定または不特定の多数人が一定の場所において共通の目的をもって集まる一時的な集合体であり、結社は特定の多数人が共通の目的をもって継続的に結びついた精神的な結合体である。集会の自由の保障により、集会の主催や参加等の行為について公権力が制限を加え、あるいは強制することが禁止される。さらに、デモ行進のような集団行動の自由も、動く集会として本条で保障される。また、結社の自由の保障により、団体の結成や加入の自由、団体が活動する自由、および、団体内部の統制権などが保障される。

次に、言論・出版その他一切の表現の自由を保障している。これにより、内心における精神作用を口頭で、あるいは印刷物で、さらにはその他のあらゆる伝達手段によって外部に公表する精神活動の自由が保障される。また、判例は、報道機関が国民に事実を伝達する報道の自由は、国民の知る権利に奉仕するものであることから本条で保障されるとともに、その前提となる取材の自由も、本条の精神に照らし十分尊重に値するとしている（最大決昭44・11・26刑集23巻11号1490頁）。

21条2項では通信の秘密が保障されている。通信は個人間の内的なコミュニケーション手段であり、意思の伝達により人間関係の形成に資することにつながる。それゆえ、これが保障されることは、私生活の保護やプライバシー保護の一環としても重要な意味がある。さらに、表現行為に先立ち、行政権がその内容を事前に審査し、不適当と認めるときには、その表現行為を禁止する行為である検閲については絶対的に禁止されている。なお、判例

は、裁判所における出版の事前差止め行為は、主体が行政権ではないから検閲にはあたらないが、事前抑制の一形態となるので原則として認められず、厳格かつ明確な要件の下でのみ許容されるとしている（最大判昭61・6・11民集40巻4号872頁）。また、表現物に対する税関検査や文部科学大臣による教科書検定については、検閲にはあたらず合憲としている（税関検査について最大判昭59・12・12民集38巻12号1308頁、教科書検定について最判平5・3・16民集47巻5号3483頁）。

なお、表現の自由は経済的自由と比較するとより高い地位にあり、これを規制する立法については経済的自由の規制立法より厳格な審査基準で審査されなければならないという考え方が主張されており、これを二重の基準の理論と呼んでいる。

2) 経済的自由

① 職業選択の自由（憲22条1項）　職業選択の自由は、自己の職業を決定する自由であり、さらに、選択した職業を行う営業の自由も含まれる。もっとも、職業は社会との関係のなかで成り立つものであるから、他者の権利との調和の観点から制約を受ける。この制約には、主として国民の生命や健康に対する危険を防止する目的から課される消極目的規制と、福祉国家の理念に基づき、調和のとれた経済発展の確保や社会的・経済的弱者保護のためになされる積極目的規制の2類型がある。前者は後者に比べてより厳格な規制が許容されると解されており、合憲性の判断基準が異なっている（最大判昭50・4・30民集29巻4号572頁、最大判昭47・11・22刑集26巻9号586頁など）。

② 居住・移転・外国移住・国籍離脱の自由（憲22条1項・2項）　居住・移転の自由は、自己の住所または居所を決定することや、移動することの自由を内容とするもので、これには国内旅行の自由も含まれる。また、海外旅行の自由については、22条2項の外国移住の自由で保障されているとするのが判例である（最大判昭33・9・10民集12巻13号1969頁）。なお、2項では国籍離脱の自由も規定されているが、これは、外国籍を取得することを前提にしているもので、無国籍になることを認めているものではない。

③ 財産権の保障（憲29条）　憲法29条1項は、個人が現に有する具体的な財産上の権利を保障している。また、憲法が資本主義体制を予定していることから私有財産制度も保障しており、制度の核心部分である生産手段の私有は、法律によっても侵すことができないと解されている。もとより財産権の保障は絶対的なものではなく、2項で公共の福祉の観点からの制約が規定されている。憲法上は、その制約は法律で定めることになっているが、条例による制約も認められる。また、3項は私有財産を公共のために用いるには、正当な補償が必要であると規定しており、公用収用や公用制限に法的根拠を与えるとともに、その際には、原則として損失補償が必要であることを定めている。正当な補償の意味については完全補償説と相当補償説の考え方があり、通説は完全補償説をとるが、判例は判断が分かれる（相当補償説を採用する判例として最大判昭28・12・23民集7巻13号1523頁、完全補償説を採用する判例として最判昭48・10・18民集27巻9号1210頁など）。また、損失補償が必要と解される場合であるのに、法律に補償規定を欠いているときは、29条3項を根拠にして補償請求をすることが可能である（最大判昭43・11・27刑集22巻12号1402頁）。

3）人身の自由

① 基本原則（憲18条・31条）　人身の自由は、人の身体が肉体的にも精神的にも拘束を受けない自由である。憲法18条は奴隷的拘束を受けることのない旨を定めているが、これは過去に自由な人格を否定するような身体的拘束が行われてきたことから規定された。公権力によるもののみならず、私人によるこうした行為も禁止される。また、犯罪処罰の場合を除き、本人の意思に反する労役を強制することも禁止される。

　憲法31条は、国家の刑罰権の発動は人身の自由に対する最も直接的な侵害にあたることから、それを法の定める適正な手続に基づかせることを定めたものである。具体的には、刑事手続が法定されるとともに、その内容が適正であること、さらに、犯罪の要件やそれに対する刑罰が法定されるとともに、その内容が適正であることの両者を含むものと解されている。これらは

刑法の基本原則である罪刑法定主義を明らかにしたものである。そして、適正手続の実質的内容として特に重要なのが「告知と聴聞」を受ける権利であり、これは、公権力が国民に刑罰その他の不利益を科す場合には、当事者にあらかじめその内容を通知し、当事者に対して弁解と防御の機会を与えなければならないとするものである。判例もこの趣旨を認めている（最大判昭37・11・28 刑集 16 巻 11 号 1593 頁）。また本条は、本来、刑事手続に関する規定であるが、この趣旨は行政手続にも準用されると解されている（最大判平 4・7・1 民集 46 巻 5 号 437 頁）。

② 被疑者の権利（憲33条～35条）　被疑者とは、犯罪の嫌疑を受けて捜査対象となっているが、いまだ公訴提起がなされていない者をいう。憲法は、逮捕や抑留・拘禁等の身体拘束には、原則として裁判官の発する令状が必要であると定めており、公権力による恣意的な拘束を禁止している。また、プライバシー保護の観点から、住居への侵入や所持品の捜索等についても、令状主義が採用されている。

③ 被告人の権利（憲36条～39条）　被告人とは、罪を犯したとされて公訴提起されている者をいう。憲法は、被告人の権利として公平な裁判所の迅速な公開裁判を受ける権利、証人審問・喚問権および弁護人依頼権を定めている。また、自己負罪拒否の特権や自白排除の法則、あるいは、罪刑法定主義の派生原則である事後法の禁止や遡及処罰の禁止を規定している。さらに、拷問や残虐な刑罰についても禁止している。

(4) 国務請求権

国務請求権とは国家に対して一定の作為を要求する権利であり、受益権とも呼ばれる。

① 請願権（憲16条）　請願権とは、国や地方公共団体の機関に対し、国務に関して希望を述べることである。請願を受けた機関はそれを誠実に処理しなければならないが、請願通りの処置を採るべき義務を負うものではな

い。

② 裁判を受ける権利（憲32条）　裁判を受ける権利は、民事・行政事件においては、司法権を行使する裁判所に訴訟を提起して裁判を求める権利を有することであり、刑事事件では、このような裁判所による裁判によるのでなければ刑罰を科せられないことをいう。

③ 国家賠償および刑事補償請求権（憲17条・40条）　国家賠償制度は、公権力の不法な行使によって損害を受けた国民が、国家に対して損害賠償を求める制度であり、これを具体化する法律として国家賠償法が定められている。また、刑事補償制度は、身体の自由の誤った拘束に対して事後的に補償をするもので、刑事手続における人身の自由を完全にするための制度である。具体的内容は刑事補償法が定めている。

(5) 参　政　権

参政権は、国民が主権者として国の政治に参加する権利であり、国民主権原理を採用する日本国憲法においては民主政治を実現する上で不可欠のものである。憲法15条で定める選挙権や被選挙権がその中核をなす。選挙権は選挙人として選挙に参加することのできる資格や地位をいい、被選挙権は、公職の選挙において候補者となり、当選人となりうる資格や地位をいう。被選挙権は明文で規定されていないが、判例は、15条1項の保障する選挙権と表裏をなすものとして憲法上保障されているとする（最大判昭43・12・4刑集22巻13号1425頁）。なお、近代選挙の原則としては、普通選挙、平等選挙、秘密選挙、直接選挙、自由選挙の5原則がいわれる。

また、最高裁判所裁判官の国民審査（憲79条2項～4項）、憲法改正の国民投票（憲96条）、地方特別法の住民投票（憲95条）なども直接民主制的な制度であり、参政権の一種とみることができる。なお、日本国憲法の改正手続に関する法律3条は、憲法改正の国民投票資格年齢を満18歳以上としており、一般の選挙資格年齢や民法上の成年が満20歳であるのとは異なる。

⑹ 社　会　権

　社会権は、資本主義の発展に伴って必然的に生じた社会的・経済的な弱者の生存や生活の維持に必要な諸条件の確保を、国家に要求する国民の権利である。1919 年にドイツのワイマール憲法で規定されたのが最初であり、その後、各国の憲法に採りいれられている。

　① 　生存権（憲 25 条）　　生存権は、健康で文化的な最低限度の生活を営む権利のことで、社会権の原則規定として位置づけられる。権利とされてはいるが、生存権の内容は抽象的で不明確なところがあることや、その実現には予算の裏づけが必要になることなどから、25 条を直接的な根拠にして生活扶助を請求する権利を導き出すことは難しいと考えられている。そのため、生存権はそれを具体化する立法がなされて初めて具体的な権利になると考えられており、こうしたとらえ方を抽象的権利説と呼んでいる。なお、朝日訴訟や堀木訴訟では、「健康で文化的な最低限度の生活」の具体的な内容は、厚生労働大臣や立法府の裁量に委ねられているとした（最大判昭 42・5・24 民集 21 巻 5 号 1043 頁、最大判昭 57・7・7 民集 36 巻 7 号 1235 頁）。

　② 　教育を受ける権利（憲 26 条）　　教育を受ける権利は、教育を受ける自由を公権力により侵害されないという自由権的側面と、国民が国家に対して合理的な教育制度と施設を整え、適切な教育の場を提供するよう要求するという社会権的な側面を併せもつ、複合的な権利である。

　具体的な内容として、第一に学習権がある。これは、国民が人間として成長し、自己の人格を完成させるために必要な学習をする権利をいい、特に、自ら学習することのできない子どもが、大人に対して自己の学習要求を充足する教育を施すことを求める権利としてとらえられる。第二に教育権がある。これは、教育の内容や方法を決定する権利をいい、判例は、国家と国民（親や教師）の双方に教育権は存在すると解している（最大判昭 51・5・21 刑集 30 巻 5 号 615 頁）。また、26 条 2 項では義務教育の無償について定めているが、これは、授業料の無償を定めたものと解されている。

③ 労働基本権（憲28条）　自己の労働力を提供して生活している労働者は、使用者に比べて不利な立場に立たされる。そこで、両者を実質的に対等にするため、憲法は労働基本権を保障している。これには、団結権、団体交渉権および団体行動権（争議権）があり、労働三権ともいわれる。もとよりこれらの権利も絶対無制約ではなく、特に公務員については法律で大幅な制約が課されているが、判例は、公務員の地位の特殊性や職務の公共性などから、こうした制約も憲法に違反しないとしている（最大判昭48・4・25刑集27巻4号547頁など）。

3　統治機構

(1) 権力分立

　国家権力が一つの機関に集中すると、権力が濫用されて国民の権利や自由が侵害されるおそれがある。そこで、国家の諸作用を立法、行政、司法のように区別し、それぞれ異なる機関が担当するように分離し、相互に抑制と均衡を保たせ、それによって国民の権利や自由を守るシステムが採られる。これが権力分立の原理である。日本国憲法は、41条、65条、76条1項などの条文から、権力分立制を採用していることが明らかである。しかし、この原理は自由国家において確立したもので、福祉国家を目標とする日本国憲法下ではその内容に変容が生じている。具体的には、行政権が他の二権に比較して強大な力をもつ行政国家現象や、国民と議会を媒介する政党が政治をリードする政党国家現象などを、その変容として挙げることができる。

(2) 国　　会

1) 国会の地位

　国会は、憲法上三つの地位を有する。第一は、国民の代表機関（憲43条1項）としての地位である。ここにいう「代表」とは、国会が選挙民の意思に法的に拘束されるという意味ではなく、社会のなかに存在する様々な利害を忠実に反映しなければならないという社会学的代表概念であると解されている。第二に、国権の最高機関（憲41条前段）としての地位である。「最高」とは、国会が主権者である国民に直接結びついていることから、国政の中心的な地位にあることを強調する趣旨であり、法的に最も強い機関であるという意味ではない。こうした考え方を政治的美称説という。第三に、唯一の立法機関（憲41条後段）としての地位である。国会は、一般的・抽象的な法規範を定める権限を有する唯一の機関とされる。ここで「唯一」とは、憲法上の例外を除き、国会が立法権を独占するという国会中心立法の原則と、国会による立法は国会以外の機関の関与を必要としないで成立するという国会単独立法の原則の二つの意味がある。

2) 国会の組織と活動

　国会は衆議院と参議院からなる（憲42条）。二院制の目的は、第一院である衆議院の軽率な行動を防ぐとともに、異なる時期に選挙を行うことで民意を国会に忠実に反映させることにある。なお、両議院の議決が一致しないときのために両院協議会の制度があり、特定の事項については衆議院の優越が認められている。

　国会が活動する期間を会期といい、毎年1月に召集される「常会」（憲52条）、臨時の必要に応じて召集される「臨時会」（憲53条）、衆議院の解散総選挙後に召集される「特別会」がある（憲54条1項）。国会は会期ごとに活動し、会期中に議決に至らなかった案件は原則として後の会期に継続しない。また、会議の効率的運営のため、同一問題については同一会期中に再び審議されない。

3）国会議員の特権

国会議員には、その職責の重要性から特典が認められている。第一に、国会の会期中は逮捕されないという不逮捕特権がある（憲50条）。この目的は、議員の身体の自由を保障し、政府の権力によって議員の職務執行が妨げられないようにすることと、議院の審議権を確保することにある。なお、院外における現行犯の場合や議員の所属する院の許諾がある場合には保障されない。第二に、発言や表決の免責特権がある（憲51条）。この目的は、議員の職務執行の自由を保障することにあり、その保障は議員の国会における意見表明とみられる行為や職務に付随する行為にも及ぶ。なお、免責される責任は、民事上・刑事上の責任や懲戒責任を含むが、所属政党による除名などの政治的責任は対象外である。

4）国会の権能

国会は、国権の最高機関として様々な権能を与えられている。主なものとして、憲法改正の発議権（憲96条）、法律の議決権（憲59条）、内閣総理大臣の指名権（憲67条1項）、弾劾裁判所の設置権（憲64条）、財政監督権（憲83条〜91条）、条約の承認権（憲61条）などがある。

5）議院の権能

議院の権能とは、各議院がそれぞれ独立して行使しうる権能をいう。大別すると議院自律権と国政調査権がある。

議院自律権とは、議院が他の国家機関や議院から監督や干渉を受けることなく、その内部組織や運営に関し自主的に決定できる権能をいう。内部組織に関する自律権としては、会期前に逮捕された議員の釈放要求権（憲50条）、議員の資格争訟の裁判権（憲55条）および役員選任権があり（憲58条1項）、運営に関する自律権としては、議院規則制定権や議員懲罰権がある（憲58条2項）。

国政調査権とは、各議院が国の政治全般について調査する権能である（憲62条）。この権能は、議院に与えられた立法その他の権能を行使するための手段として認められた補助的な権能であると解されているが、とりわけ立法権

は広範な事項に及ぶので、国政調査権も広範囲にわたる。もっとも司法権の独立との関係から、司法権に対する調査権の行使には制約があり、また、準司法権的作用である検察権との関係でも一定の限界がある。さらに、特定人の思想調査に及ぶものなど人権侵害にあたる調査も許されない。

(3) 内　　閣

1) 行政権と内閣

憲法 65 条は「行政権は、内閣に属する」と規定している。ここにいう「行政」とは、「すべての国家作用から、立法作用と司法作用を除いた残りの国家作用である」(控除説) とされる。この説は、権力分立が確立した歴史的沿革に合致し、多様な行政活動を包括的にとらえることができる特徴をもつ。福祉国家における行政の課題を明確化し、その責任を強調する立場から、積極的に行政概念を定義づけようとする試みもあるが (たとえば、「法の下に法の規制を受けながら、現実具体的に国家目的の積極的実現をめざして行われる全体として統一性をもった継続的な形成的国家活動」とする田中二郎の定義)、必ずしも成功しているとはいえず、控除説が通説となっている。

なお、行政権は主として内閣が行使するが、人事院や公正取引委員会など、内閣から一定の独立性を保ちながら行政を担当する機関が置かれており、これらは独立行政委員会と呼ばれている。独立行政委員会は、アメリカの独立規制委員会にならい、内閣への権限集中を回避し、行政組織や官僚行政の民主化のために導入されたものである。憲法 65 条との関係上、疑義がないわけではないが、通説は、政治的な中立性が求められる行政については、例外的に内閣の指揮監督から独立している機関が担当しているとしても、最終的に国会のコントロールが及ぶのであれば合憲と解してよいとしている。

2) 内閣の構成と権能

内閣は、その首長である内閣総理大臣およびその他の国務大臣で組織される合議体である (憲 66 条 1 項)。内閣総理大臣は国会議員のなかから国会の議

決で指名され天皇が任命する（憲67条1項・6条1項）。国務大臣は内閣総理大臣が任命し、その過半数は国会議員でなければならない（憲68条）。また、いずれも文民でなければならない（憲66条2項）。

内閣は行政権の主体として憲法73条に掲げられている主要な事務のほか、他の一般行政事務も担当する。73条所定のものとしては、①法律の誠実な執行と国務の総理、②外交関係の処理、③条約の締結、④官吏に関する事務の掌理、⑤予算の作成と国会への提出、⑥政令の制定、⑦恩赦の決定があり、その他、天皇の国事行為に対する助言と承認（憲3条・7条）、最高裁判所長官の指名（憲6条2項）、その他の裁判官の任命（憲79条1項・80条1項）、国会の臨時会の召集の決定（憲53条）、予備費の支出（憲87条）、財政状況報告（憲91条）などがある。

3）議院内閣制

議院内閣制とは、議会と政府を一応分離した上で、内閣が国会に対して連帯責任を負い、国会による信任が内閣存立のために必要とされる民主的責任行政の制度である。日本国憲法は、内閣が国会に対して連帯責任を負うとしていること（憲66条3項）、衆議院による内閣不信任決議権が認められていること（憲69条）、内閣総理大臣の指名権を国会が有すること（憲67条1項）、内閣総理大臣および国務大臣の過半数が国会議員でなければならないこと（憲67条1項・68条1項但書）などの規定から、議院内閣制を採用しているものと考えられている。

4）衆議院の解散

衆議院の解散とは、任期満了前に衆議院議員全員の資格を失わせる行為をいう。憲法は、解散権の所在について69条を除いて明文で規定していないが、通説は、内閣が天皇の国事行為に助言と承認を与え、それに責任を負うべき立場にあることから、天皇への助言と承認のなかに実質的な解散権があると考え、7条3号によって内閣が衆議院の解散権を有していると解している。

(4) 裁 判 所

1) 司 法 権

① 司法権の概念と範囲　司法権とは、「具体的な争訟について、法を適用し、宣言することによって、これを裁定する国家作用」をいう。大日本帝国憲法では、民事事件、刑事事件のみが司法権の範囲であり、行政事件については通常裁判所とは別系統にあった行政裁判所が管轄していた。日本国憲法は、特別裁判所を禁止し、行政機関が終審として裁判することができないことを定めていることから、行政事件の裁判も司法裁判所による裁判の対象になった。

② 法律上の争訟　司法権の概念の中心的な要件である「具体的な争訟」とは、裁判所法3条1項にいう「法律上の争訟」と同義とされ、これに該当しなければ、原則として、裁判所の審査権は及ばない。法律上の争訟とは、(a)当事者間の具体的な権利義務ないし法律関係の存否に関する紛争であって、かつ、(b)それが法律を適用することにより終局的に解決することができるものをいう。第一に、当事者間の具体的な権利義務ないし法律関係の存否に関する紛争でなければならないから、自分が権利侵害を受けていないのに抽象的に法令の解釈や効力を訴訟で争うことはできない（最大判昭27・10・8民集6巻9号783頁）。また、国家試験における合格・不合格の判定のような、単なる事実の存否や個人の主観的意見の当否、あるいは学問上・技術上の問題なども、裁判の対象にならない（最判昭41・2・8民集20巻2号196頁）。第二に、法律を適用することにより終局的に解決することができるものでなければならないから、純然たる信仰対象の価値または宗教上の教義に関する判断自体を求める訴えなども、法律の適用により解決しうる紛争ではなく、法律上の争訟にはあたらない（最判昭56・4・7民集35巻3号443頁）。

③ 司法権の限界　司法権の限界とは、法律上の争訟に該当し、司法権行使の対象に含まれる紛争であっても、裁判所が司法審査を行えない場合をいう。憲法明文上、議員の資格争訟の裁判や裁判官の弾劾裁判は、それぞれ

各議院や国会の権能とされており、国際法上も治外法権や条約による裁判権の制限などがある。

さらに、憲法解釈上、司法権の限界とされるものがある。第一に、国会の議事手続（憲56条2項）や議院による懲罰（憲58条2項）など、国会や議院の内部事項については、他の機関から圧迫や干渉を加えられずに自主的に決定できる権能が認められ、裁判所は審査を行わない（最大判昭37・3・7民集16巻3号445頁）。第二に、国会や内閣などの自由裁量に属する行為については、裁量権を著しく逸脱・濫用している場合を除き、司法審査権は及ばない。第三に、国家機関の行為のうち、極めて高度に政治性のある行為については、裁判所の司法審査権は及ばない。こうした行為を統治行為と呼び、衆議院解散の法的有効性が争われた事例や日米安全保障条約の内容の違憲性が争われた事例がある（最大判昭35・6・8民集14巻7号1206頁、最大判昭34・12・16刑集13巻13号3225頁）。第四に、団体の純然たる内部紛争は、それぞれの団体内部の法規範によって解決すべきであって、一般市民社会における法秩序に直接関連を有しない限り、裁判所の司法審査の対象にならない。こうした考え方を部分社会の法理といい、地方議会が行う議員の懲罰、大学における単位認定、政党が党員に対して行う懲戒などの事例で問題となっている（最大判昭35・10・19民集14巻12号2633頁、最判昭52・3・15民集311巻2号234頁、最判昭63・12・20判時1307号113頁など）。

2）裁判所の組織

裁判所は最高裁判所と下級裁判所に大別される。最高裁判所は、すべての訴訟についての終審裁判所である。大法廷と小法廷からなるが、合憲・違憲の判断や判例変更を行う場合などには、大法廷で審理が行われる。下級裁判所には、高等裁判所、地方裁判所、家庭裁判所、簡易裁判所の4種がある。事件は通常、地方裁判所、高等裁判所、最高裁判所の順に上訴される。家庭裁判所は離婚訴訟や家庭事件および少年事件の審判を行うために設けられた裁判所で、地方裁判所と同格である。簡易裁判所は、少額・軽微な事件を簡易・迅速に裁判する第1審裁判所である。

3）司法権の独立

憲法は、公正な裁判を実現し、人権を保障するために、司法権の独立の原則を定めている。これは、第一に司法府の独立、すなわち、権力分立により司法権が立法権および行政権から独立していることである。第二に裁判官の職権の独立、すなわち、個々の裁判官が裁判を行うにあたり、あらゆる不当な干渉や圧力にさらされず、独立して職権を行使することである（憲76条3項）。他の国家機関からの指示や命令に拘束されることはなく、また、司法権内部からの指示や命令も受けない。さらに、裁判官の職権の独立を完全にするため、憲法上、裁判官の身分保障も定められている。身分保障の内容としては、裁判官が罷免される場合が限定されていること（憲78条前段）、行政機関による裁判官の懲戒処分が禁止されていること（憲78条後段）、相当額の報酬が保障されるとともにその減額が禁止されていること（憲79条6項・80条2項）がある。

(5) 財　　政

1）財政の基本原則

国が使用する経費は国民の負担に帰するものであるから、これが適正に運営されることは国民の重大な関心事である。そこで憲法83条は、財政を処理する権限を国会の議決の下に置いた。これを財政民主主義という。また、84条は、租税の賦課等は法律によることとする租税法律主義の原則を定めている。租税とは、国や地方公共団体が、使用する経費に充当するために、課税権に基づき一方的に徴収する金銭であり、84条は、歳入面から財政民主主義を定めたものである。法定されるべき事項としては、納税義務者、課税物件、課税標準、税率等の課税要件と、税の賦課・徴収の手続がある。また、84条の法律には、地方公共団体の租税の場合、条例を含むと解されている。さらに、89条前段は、政教分離の原則を財政面で確保するため、宗教上の組織等への支出を禁止し、後段では公の支配に属さない慈善、教育、

博愛の事業に対する支出を禁止している。

2) 予　　算

予算とは、一会計年度（4月1日から翌3月31日まで）における国の財政行為の準則をいう。予算の法的性格については争いがあるが、予算の作成、提出権が内閣に専属していること、国会の議決においても衆議院の先議や優越が認められていること、予算は政府を拘束するのみで一般国民を直接拘束しないこと、その効力が一会計年度に限られていることなどから、通説は、予算は法律とは異なる国法の一形式であると解している。このように解した場合、予算は成立したのに、その支出を命じる法律が制定されないケースや、法律は制定されたのに、その執行に必要な予算がないケースが起こりうる。前者の場合には、内閣は法律案を提出して国会の議決を求めるしかないが、国会には法律を制定しなければならない義務はない。後者の場合には、内閣は補正予算、経費流用、予備費支出のほか、法律の施行延期等の方法で対処することになる。

(6) 地方自治

1) 意　　義

地方自治とは、地方公共団体が住民の意思と責任に基づき、その地域における行政を行うことをいう。地方自治の存在理由は、中央政府の権力を抑制してその濫用から少数者や個人を守るとともに、国家レベルの代表民主制を補完して民主主義の学校としての役割を果たすことにある。憲法上、地方自治制度の中核と考えられているのが「地方自治の本旨」（憲92条）であり、これは住民自治と団体自治の二つの要素からなる。住民自治は、地方自治が住民の意思に基づいて行われるという民主主義的な考え方であり、団体自治は、地方自治が国から独立した団体に委ねられて、団体自らの意思と責任の下でなされるという自由主義的・地方分権的な考え方である。

2) 地方公共団体とその権能

　地方自治法では、地方公共団体には普通地方公共団体と特別地方公共団体の2種類があるが、憲法上の地方公共団体は普通地方公共団体である都道府県と市町村のみを指し、東京都の特別区はこれには該当しない（最大判昭38・3・27刑集17巻2号121頁）。地方公共団体の主な機関には、議会と長がある。議会は住民の代表者である議員により組織される合議体であり、長は地方公共団体を統轄し代表する独任制の機関である。いずれも住民の直接選挙によって選ばれており、こうした統治システムは首長制（大統領制）と呼ばれる。また、地方公共団体の権能について94条は、財産の管理、事務の処理、行政の執行、条例の制定の4つを定めている。

4　憲法の保障

(1) 意　　義

　憲法の保障とは、最高法規である憲法の規範内容が変更されないようにすることをいう。憲法は、常に現実の政治権力の脅威にさらされており、憲法自体がその規範内容を変更されないようにするための制度を設けているのである。これには、あらかじめ予防措置を講ずるものと、事後的に匡正（きょうせい）するものがある。

　事前的憲法保障制度としては、憲法は第10章に「最高法規」の章を置き、憲法の最高規範性を規定するとともに、権力保持者に対して憲法尊重擁護義務を課すことで、宣言的な憲法保障制度を採用している（憲98条1項・99条）。さらに、憲法改正手続については、いわゆる硬性憲法として、手続的な保障制度を採っている（憲96条）。また、権力分立制を採用することにより、機構的な保障制度も採られている（憲41条・65条・76条1項）。

　一方、事後的憲法保障制度としては、一切の法律、命令、規則、または処

分が憲法に適合するかしないかを決定する違憲審査権がある（憲81条）。わが国の違憲審査制は、通常の裁判所が、具体的な訴訟事件を裁判する際に、その前提として事件の解決に必要な限度で審査を行う付随的違憲審査制を採用しており、判決の効果も当該事件に限って認められるとする個別的効力説が採られている。しかし、こうした考え方を採っても、国家機関は違憲判決を尊重する必要があるので、判決の効果は一般的な効力に事実上接近しているといえる。

(2) 超憲法的憲法保障制度

超憲法的憲法保障制度とは、憲法が蹂躙（じゅうりん）される究極の場面において、国民や国家が憲法を守るために採りうる最終的な手段として説明されるもので、国民の立場からは抵抗権があり、国家の立場からは国家緊急権がある。

抵抗権とは、権力者が権力を濫用して憲法秩序を破壊し、あるいは国民の権利を侵害した場合に、国民は自らの力によって権力者に抵抗する権利を有するというもので、自然法思想に基づく権利として説明される。

他方、国家緊急権は、国家の存立や憲法秩序ないしは人権保障が脅かされている場合に、国家権力を担う者は、緊急状態に対する措置として憲法を一時的に停止し、それを超越する手段によって憲法秩序の回復を図ることができるとするものである。大日本帝国憲法下においては、戒厳（旧憲14条）や非常大権（旧憲31条）の規定があり、国家緊急権の行使が予定されていたが、現行憲法にはそうした規定は存在していない。国家緊急権の名を借りた人権侵害や憲法破壊のおそれもあることから、学説上は消極的な意見も強い。

II-2 行 政 法

1 行政法の意義と特質

(1) 行政・行政法とは何か

　一般に、行政に関する法を総称して行政法という。まず、実質的意味における行政とは何かが問題になるが、これに関する学説には消極説と積極説がある。消極説は控除説とも呼ばれ、行政とは「すべての国家作用から立法作用と司法作用を除いた残りの作用である」とする。他方、積極説は、「法の下に法の規制を受けながら、現実具体的に国家目的の積極的実現をめざして行われる全体として統一性をもった継続的な形成的国家活動」をいうとする。

　現在のわが国は、社会の複雑化・多様化とともに行政需要が増大しており、行政分野が拡大する現象がみられる。それゆえ、積極説については、この定義から漏れる活動の存在を否定できず、行政を完全なかたちで説明し尽くしえていないのではないかという批判がある。それに対して消極説は、君主の専制的権力から立法作用や司法作用が分化し、後に残ったのが行政作用であるという歴史的沿革にも合致しており、こうしたことから消極説が通説である。

　また、形式的意味における行政とは、行政府が行うすべての活動のことを指す。そして、行政法学が扱う対象には、法規範を定立する作用である行政立法や紛争裁断作用である行政不服申立てなども含まれることを考慮すると、行政法にいう行政の意義を考える際には形式的意味の行政も念頭に置かなければならない。それゆえ「行政」とは、実質的意味の行政の概念をふまえた

上で、行政府の行うすべての活動が対象になるとすべきであろう。

　ところで、行政法が他の法分野と比較して最も特徴的であるのは、行政法には憲法や民法などとは異なり「行政法」という単一の法典が存在せず、行政に関する様々な法規範を総称している点である。それゆえ行政法は、「行政に関する国内公法である」とか、「行政権の組織及び作用並びにその統制に関する国内公法である」というような定義もされている。本章ではこれらをふまえ、行政法を大きく行政組織法、行政作用法および行政救済法の3分野に分けて説明していくことにする。

(2) 法律による行政の原理

　行政法全般にわたる基本原理として、法律による行政の原理（法治行政）がある。これは、行政による権力の濫用から国民の権利・自由を守るため、行政権の行使は、国民の代表である議会が制定する法律に基づいて行われなければならないことを要求する原理である。具体的には、行政活動は現に存在する法律に違反してはならないという「法律の優位の原則」や、特定の行政活動を行うためには法律の根拠が必要であるという「法律の留保の原則」などがいわれる。

(3) 行政法の法源

　裁判において裁判官の拠るべき基準となる規範を法源という。行政法の法源も、法学一般における法源と基本的に異なるところはなく、成文法源と不文法源からなる。このうち成文法源が原則であり、これを成文法源中心主義と呼ぶ。これは、国民の法的地位を左右する行政権力の発動に際しては、国民の代表者で組織される国会が制定する法律を根拠にしてなされなければならないという民主的正当性の要請があるからである。また、国民に対して予測可能性を与える必要があることや、行政法の内容が専門的・技術的である

ことから、成文法によって国民の理解を助ける必要があることなども理由とされる。

一方、行政法には単一の法典が存在していないことから、特に通則的分野においては不文法源も重要な役割を果たす。また、個別具体的な問題の処理の際にも、法律が不存在の場合には不文法源が働く余地がある。不文法源としては、慣習法、判例法、条理法（法の一般原則）が挙げられる。

2 行政組織法

行政組織内部に関する法律関係を対象とする法を行政組織法と総称する。国や地方公共団体の機関の設置、構成、権限などについて定める内閣法、国家行政組織法、地方自治法などのほか、公務員の身分関係について定める国家公務員法や地方公務員法、道路・河川のような公物について定める道路法や河川法なども、広義の行政組織法に含まれる。ここでは、行政はだれが行うのかという観点から説明する。

(1) 行政主体

行政主体とは、行政を行う権限をもち、自己の名と責任で行政を行う団体ないしは法人をいう。行政権を実際に行使するのは公務員であるが、その行為の法的効果が帰属するのは当該公務員ではなく、国や地方公共団体などの公共団体である。このように、行政機関の行った行為の法的効果が帰属する法人のことを行政主体と呼ぶ。これには、国や地方公共団体のほか、日本放送協会のような特殊法人や国立公文書館のような独立行政法人なども含まれる。

(2) 行政機関

　行政機関とは、行政主体のためにその手足となって職務を行う機関をいう。行政主体は法人であるから、現実に行政を行うためには自然人あるいは自然人の集合体にその事務を行わせる必要がある。それが行政機関と呼ばれるものであり、権限の違いにより以下の類型に分けられる。

　① 行政庁　　行政主体の法律上の意思を決定し、自己の名でそれを外部に表示する権限を有する機関をいう。たとえば、税務署長（行政庁）が国（行政主体）のために、国民に対して課税処分を行うと、その効果は国に帰属することになる。行政庁は、各省大臣、知事、市町村長のように一つの機関を一人の公務員が担当して意思決定を行う独任制を原則とするが、内閣や公正取引委員会のように合議制の機関であることもある。

　② 補助機関　　行政庁その他の行政機関の職務を補助するために日常的な事務を遂行する機関であって、一般に「公務員」と呼ばれる者の多くがこれにあたる。たとえば、国では事務次官、局長、課長、事務官などが該当する。

　③ 諮問機関　　行政庁から諮問を受けて審議や調査などを行い、答申や意見を述べる機関をいう。行政庁は諮問機関の答申を尊重しなければならないが、法的に拘束されるわけではない。各種の審議会がこれにあたる。

　④ 参与機関　　行政庁の意思を法的に拘束する議決を行う機関をいう。参与機関の議決は行政庁の意思決定を法的に拘束する点で諮問機関と異なる。たとえば、電波監理審議会（電波99条の2）などがある。

　⑤ 監査機関　　行政機関の事務や会計の処理を検査し、その適否を監査する機関である。会計検査院や地方公共団体の監査委員がこの例である。

　⑥ 執行機関　　行政上の目的を実現するために国民の身体や財産に対して実力行使を行う機関をいう。たとえば、警察官や徴税職員が該当する。

3 行政作用法

　行政作用とは、行政主体が行政目的を実現するために行う諸々の活動の総体である。行政作用法は、行政の多様な活動を法的な諸行為に分解し、それを行政過程のなかに総合的に位置づけて各行為に適用される法理を考察していくものである。伝統的に行政活動は、行政立法、行政行為、行政強制のような権力的な手段でなされてきたが、現代行政では行政需要の多様化とともに、それらを補完するための非権力的な手段である行政契約や行政指導などの手法も存在する。こうした多様な手法のなかで、行政に最も典型的な活動とされるのが、行政行為と呼ばれるものである。

(1) 行政行為

1) 行政行為の意義

　行政行為とは、「行政庁が、法律の定めるところに従い、その一方的な判断に基づき、国民の権利・義務その他の法的地位を具体的に決定する行為」と定義される。行政の行う活動のすべてが行政行為となるのではなく、上述の定義にあてはまる行為のみを行政行為という。租税の賦課、土地の収用裁決、違法建築物の除却命令、営業の許可などがその例である。それゆえ、行政の内部行為、事実行為、行政指導、行政契約、行政立法などは行政行為ではない。このように、厳格に行政行為をとらえるのは、行政行為には他の行政作用にはみられない特質があるからである。

2) 行政行為の必要性

　そもそも、なぜ行政活動においてこのような行為が必要になるのか。たとえば、人口の増加に伴い学校を建設する必要がある場合、その建設用地は地主と売買契約を用いて調達するのが通常である。しかし、地主がこの買収に応じず、学校を建設できないことになるならば、教育という公共目的が実現

できなくなってしまう。そこで、こうした場合には、土地を地主から強制的に買収する手段が必要になる。土地収用法は、公共の必要がある場合に土地を強制的に収用するための手続を定めており、同法の規定に基づき、行政庁（収用委員会）の一方的判断に基づいて土地の強制収用が可能になるのである。このように、行政活動には国民の同意を前提にしたのでは行政目的が達成できないものも多い。こうした場合に備えるため、相手方国民の意思にはかかわりなく、行政庁の一方的判断によって国民に義務を課したり法的地位を決定したりする行政行為が認められているのである。

3）行政行為の種類

行政行為の伝統的な分類は、その内容に着目した分類である。これは、法律効果の発生原因の違いに基づき、大きく法律行為的行政行為と準法律行為的行政行為に分けられる。法律行為的行政行為とは、行政庁の意思表示によって成立する行政行為をいう。他方、準法律行為的行政行為とは、行政庁の意思表示以外の判断や認識の表示に対して法律が一定の法的効果を与えている結果、それが行政行為とされるものをいう。前者には行政庁による裁量権の行使や附款を付すことが認められるが、後者には認められない。

① 法律行為的行政行為　法律行為的行政行為は、国民の権利・義務への働きかけ方の違いにより、命令的行為と形成的行為に分けられる。命令的行為とは、国民が本来有している自由を制限して国民に一定の義務を命じたり、その制限を解除したりする行為をいい、形成的行為とは、国民が本来有していない特殊な権利・能力その他の法的地位を国民に付与し、あるいは国民から剥奪する行為をいう。

命令的行為は、国民に作為義務を課す下命（租税の賦課処分など）、不作為義務を課す禁止（営業禁止など）、法令または行政行為によって課されている一般的禁止を特定の場合に解除する許可（風俗営業の許可など）、同様に、課されている作為義務を解除する免除（納税の猶予など）に分類される。形成的行為は、特定人に新たな権利を設定したり、法律上の力ないし地位を付与する特許（河川の占有許可など）、第三者の契約や合同行為などの法律行為を補充して、

その法律上の効果を完成させる認可（農地の権利移転の許可など）、第三者のなすべき行為を行政主体が代わって行い、当該第三者が自ら行ったのと同じ効果を生じさせる代理（土地収用の裁決など）に分類される。

② 準法律行為的行政行為　準法律行為的行政行為は、特定の事実または法律関係の存否について疑いや争いがある場合に、公の権威をもって判断してこれを確定する確認（当選人の決定など）、特定の事実または法律関係の存在について疑いや争いのない場合に、その存在を公に証明する公証（選挙人名簿への登録など）、特定人ないし不特定多数人に対し一定の事項を知らせる通知（納税の督促、特許出願の公告など）、他人の行為を有効な行為として受け付ける受理（各種申請書の受理など）に分類される。

4）行 政 裁 量

行政庁の恣意的な判断を防ぐため、行政行為の内容は法令で明確に規定されることが望ましい。このように、行政行為の要件、内容あるいは発動の可否について法令に明確に規定があり、その機械的執行として行われる行政行為を羈束行為という。しかし、現代行政は複雑化・多様化しており、国民の行政需要に対応するため、行政庁が自らの判断で法の内容を補って行政行為を行わなければならない場合も多い。こうした行為を裁量行為と呼んでいる。裁量行為は、これをさらに法規裁量と便宜裁量に区別する考え方や、要件裁量と効果裁量に区別する考え方などがある。裁量行為には原則として司法審査は及ばないが、裁量権の行使に踰越や濫用がある場合には司法審査の対象になる（行訴30条）。

5）行政行為の附款

行政行為の附款とは、行政行為の目的の実現をより適切にするために、行政行為に付加してその効果を制限したり特別な義務を課す意思表示のことである。法律行為的行政行為のうち、法律で附款を付すことができる旨が明示されている場合や、行政行為の内容について行政庁に裁量権が認められている場合には、その行政行為の目的の範囲内で附款を付すことができる。学問上、附款には条件、期限、負担、取消権の留保および法律効果の一部除外の

5種類がある。

① 条件　行政行為の効力の発生・消滅を、将来発生するかどうかが不確定な事実にかからせる附款のことをいう。その条件が成就することによって、法律効果が発生する停止条件と、法律効果が消滅する解除条件がある。

② 期限　行政行為の効力の発生・消滅を、将来発生するかどうかが確実な事実にかからせる附款のことをいう。〇月〇日というように、その事実の到来する時期があらかじめ確定している確定期限と、それが確定していない不確定期限がある。

③ 負担　行政行為の効力は完全に発生させ、後から付随的に特別の義務を負わせる附款のことをいう。たとえば、道路の占有を許可するときに、占有料の納付を命ずることなどが該当する（道路39条）。

④ 取消権の留保　公益上の支障や相手方の義務違反などの場合に行政行為を消滅させる権利を留保する附款のことをいう。たとえば、庁舎内で売店を設置する許可をする場合には、公益上の支障が生じた際には許可を取消す旨の留保をするのが通例である。

⑤ 法律行為の一部除外　法令が行政行為に与えた法律効果の一部分を発生させないとする附款のことをいう。たとえば、国土交通大臣が、自動車道事業の免許を、通行する自動車の範囲を限定して行うなどの例がある（道路運送47条3項）。

6）行政行為の効力

行政行為には、通常、以下の効力が認められる。

① 公定力　行政行為が法令の規定に違反していても、重大かつ明白な違反の場合を除き、権限ある国家機関が正式にこれを取消さない限り有効とされ国民を拘束する効力をいう。

② （自力）執行力　行政行為によって命じられた義務を国民が履行しない場合に、行政機関は裁判所の助けを借りることなく、行政行為に基づいて強制執行を自ら実施することができる効力をいう。

③ 不可争力　違法な行政行為であっても、出訴期間や不服申立期間の

ような一定の期間経過後は、処分庁が誤りを認めて職権で自発的に取消さない限り、その行政行為の違法が争えなくなる効力をいう。

④ 不可変更力　行政行為を行った行政庁自身が、当該行為を取消しまたは変更することができなくなる効力で、不服申立てを経た行政行為について発生する。

7) 行政行為の瑕疵

行政行為が法令に違反したり（違法）、裁量権の行使を誤り公益に違反している場合（不当）には、行政行為は本来の効力を生じない。行政行為の効力の発生を妨げるこうした事情を行政行為の瑕疵といい、このような行政行為を瑕疵ある行政行為という。違法な行政行為は、違法の程度により、「無効な行政行為」と「取消しうる行政行為」に分けられる。無効な行政行為は法的効果を生ぜず、その行為によって拘束を受けることはない。一方、取消しうる行政行為は、違法の程度が前者と比較して軽微な行政行為をいい、これは直ちに無効とはならず、権限のある機関が正式に取消すまでは有効として扱われ、取消されて初めて遡及的に効力を失うことになる。

行政行為の無効と取消しを区別する基準は、行政行為が重要な法律要件に違反して瑕疵が重大であるとともに、それが誰の目からみても明白であることを要すると解するのが通例である（重大明白説）。しかし、この基準は内容的には抽象的で不確定であるので、行政行為の主体、内容、手続、形式の4つの点に着目した瑕疵類型に分けて具体的な検討が行われる。

8) 行政行為の取消しと撤回

有効に成立した行政行為であっても、事情によっては公益的見地からその効力を消滅させる必要性が生じることがある。そのための方法が取消しと撤回である。なお、取消しには後述の行政不服申立てや行政事件訴訟によって行われる場合もあるが、ここで述べるのは行政庁が職権で行う取消しである。

行政行為の取消しとは、処分庁または監督行政庁が瑕疵ある行政行為の効力を過去に遡って消滅させることをいう。また、行政行為の撤回とは、処分庁が瑕疵のない行政行為の効力を公益上の理由から将来に向かって消滅させ

ることをいう。伝統的な考え方によると、処分庁は自由に取消しや撤回をなしうるとされていた。しかし、これを無制限に認めると行政行為の相手方である国民の法的地位を不安定にしてしまう。そこで近時は、国民の権利を制限したり義務を課したりする侵害的行政行為の場合は、取消しや撤回は国民の利益になるから自由になしうるが、授益的行政行為の場合は、取消しや撤回をする公益上の必要性が、国民の既得権益保護の必要性を超える場合でなければ行えないと説かれるようになってきている。

(2) 行政立法

行政立法とは、行政機関が一般的・抽象的な法規範をつくることである。議会があらゆる事項について詳細に法を制定することは不可能であるし、専門技術的な判断が必要な事項や事情の変化に応じて頻繁な改廃を要する事項、政治的に中立の立場で決定するのが適当な事項や地域の特殊性に応じた定めを要する事項については、法律によるよりも行政機関が立法するほうが合理的でもある。こうした理由から行政立法の必要性が認められる。行政立法は、国民の権利義務にかかわりを有する法規命令と、国民の権利義務にかかわらず、行政機関内部のルールに過ぎない行政規則に大別され、法規命令は委任命令と執行命令に、行政規則は訓令・通達および告示に細分される。

(3) 行政計画

行政計画とは、行政機関が行政活動を行うに先立ち、行政の抱える問題や国民の行政需要に対する正確な現状認識を基にして、利用可能な行財政能力を考慮し、一定の目標年次までに達成しうる具体的な行政目標とそれを実現するための手段を示すものである。対象事項の内容やその広狭、地域別、期間の長短あるいは拘束力の有無などによって細分することができる。行政計画は、行政庁の広汎な裁量に基づいて策定されるが、ひとたび計画が決定さ

れると国民生活にも影響を与えることになる。そこで、計画策定における行政庁の恣意を防止するため、計画策定手続の民主化が要請される。計画の内容に利害関係人の意思を反映する方法として、計画案の公告・縦覧、意見書の提出や公聴会の開催などの手続がある。

(4) 行政指導

　行政指導とは、行政機関が行政目的を達成するために国民に勧告や助言を行い、国民を誘導して協力を求め、行政機関の欲する行為を行わせるものである。行政指導は国民に法的義務を課すものではなく、その任意の協力を求める行為であるから、法律の根拠なしに行いうる。また、国民が指導に従わない場合であっても、行政上の強制執行や行政罰の対象にはならない。行政指導には、国民の利益を図る目的で知識や情報を国民に提供する助成的行政指導、公益の増進を図り公益に反する行為を抑制する目的で行う規制的行政指導、私人間の利害の調整と紛争の解決を図る目的で行う調整的行政指導の類型がある。なお、行政指導は国民の任意の協力を求めるものではあるが、それが半ば威嚇的になされ、事実上の強制力をもって、国民の権利や自由を制約する危険性がある。そこで、行政手続法では、行政指導の一般原則や方式等を定め、その適正化を図っている（行手32条～36条）。

(5) 行政契約

　行政契約とは、行政主体が一方の当事者となって国民と対等な立場で締結する契約をいう。行政契約には原則として民法や商法が適用になるが、契約の目的が行政目的によるものであること、内容が公共性を帯びること、公平性や平等性の考慮も必要になることなどから、私的自治が制約されると解される。たとえば、給付行政上の行政契約は、契約の内容について当事者間で個別に決するのではなく、行政主体によって示される画一的、定型的な契約

内容による附合契約の形態を採ることが多い。また、給付行政上の行政契約においては、行政庁は正当な理由なしに契約の申し込みに対する承諾を拒否できず、契約の解除は法定事由がなければ許されないとされる。

(6) 行政手続

　行政庁が処分をする際には、その意思決定過程が公正かつ透明であることが要請される。それにより、誤った行政活動が未然に防止され、国民の権利・利益の擁護にもつながる。行政手続は、こうした視点から行政活動を事前に法的に規制する手続をいい、一般法として行政手続法が制定されている。具体的には、申請に対する処分、不利益処分、行政指導などを行う際の手続において、審査基準の策定や標準処理期間の設定、国民に対する告知や聴聞の実施、理由付記の義務づけなどの手続を定め、誤った行政活動の未然防止を図っている。

(7) 行政の実効性の確保

　行政行為によって課された命令に国民が従わない場合に、それを放置していたのでは行政目的の実現が不可能であり、そうした場合に行政の実効性を確保するための手段が必要になる。これには、行政上の強制執行、行政罰および行政上の即時強制がある。

1) 行政上の強制執行
　行政上の強制執行とは、行政上の義務が国民によって履行されないときに、履行された状態を行政が自力で強制的につくり出す作用であり、これには代執行、執行罰、直接強制および強制徴収の4種類がある。
　①　代執行　　他人が代わって履行することのできる作為義務（代替的作為義務）について、行政庁ないし行政庁の指定する第三者が義務者本人に代わって義務の履行を行い、それに要した費用を本人から徴収することをいう。

たとえば、違法建築物の撤去を命じられた者が自らその義務を行わない場合に、行政が代わりに撤去を行う例がそれである。こうした手続を定める一般法として、行政代執行法がある。

② 執行罰　他人が代わって履行することのできない義務（非代替的作為義務・不作為義務）が履行されない場合に、行政庁が期限を区切って履行を促し、期限までに義務が履行されないときには過料を科すこととし、その心理的圧力によって義務の履行を確保しようとすることをいうが、利用実態はほとんどない。

③ 直接強制　義務者が義務を履行しない場合に、直接的に義務者の身体や財産に実力を加え、義務の内容を実現することをいう。あらゆる義務について利用できるが、国民に直接実力を加えるもので、人権に対する配慮が必要なため、具体例は多くない。たとえば、出入国管理及び難民認定法に基づく退去強制（出入国24条）や、そのための収容（出入国39条）などの例がある。

④ 強制徴収　国民が税金などを納めない場合に強制的に取り立てるものである。直接強制の一種で、金銭債権について特に簡易・迅速な方法を認めたものといえる。国税の強制徴収に関する法律に国税徴収法があり、他の金銭債権の強制徴収にもこの法律が準用される例が多い。

2）行政罰

行政罰は、義務違反者に対して事後的に制裁を加えることで行政上の義務の実現を間接的に強制し、その確保を期するものであり、行政上の強制執行を補完する役割を果たす。これには、行政刑罰と行政上の秩序罰の2種類がある。

① 行政刑罰　行政上の重大な義務違反を犯罪として処罰するもので、刑法に刑名のある刑罰が科される。刑罰の一種であるから刑法総則の適用があり、刑事訴訟法の手続により裁判所が処理する。

② 行政上の秩序罰　行政上の届出・通知・登録義務違反など、軽微な義務違反に対して科される制裁（過料）をいう。これは刑罰ではないので、刑法総則や刑事訴訟法の適用はない。国の法令に基づく場合には裁判所が非

訟事件手続法により科し、地方公共団体の条例や規則に基づく場合には地方公共団体の長が科す。戸籍法135条や住民基本台帳法53条の届出・申請を怠った場合に科される過料がその例である。

3）行政上の即時強制

行政上の即時強制とは、相手方に命じた義務を強制的に履行するのではなく、目前急迫の必要に基づき、あるいは、事柄の性質上義務を命じていたのでは目的を達成できない場合に、行政権が直ちに国民の身体や財産に実力を加えて行政上必要な状態をつくり出す作用をいう。直接強制の場合は、実力行使の前に国民に義務が課されているのに対して、即時強制は義務を課すことなく直ちに実力行使が行われるという点で異なる。即時強制を広く認めている法律として警察官職務執行法がある。

4　行政救済法

行政救済法とは、行政作用で国民に生じた権利侵害を救済するための法制度をいい、国家補償法と行政争訟法に大別される。国家補償法は、行政作用で国民に損害が生じた場合に、その損害を補填する手段や手続に関する法で、適法な行政作用による損失の救済を目的とする損失補償と、違法な行政作用による被害の救済を目的とする国家賠償がある。一方、行政争訟法は、違法または不当な行政作用で国民に生じた被害の原因を除去するために、行政活動そのものの効力を争う手段や手続に関する法で、行政機関に対して不服を申立てる行政不服申立てと、裁判所に対して訴訟を提起する行政事件訴訟がある。

(1) 損失補償

たとえば、私人の土地が公共事業に用いられる場合には特定人の犠牲で社

会全体が利益を受けることになる。その際、当該私人がその制約による損失を無償で受忍しなければならないならば、憲法の定める財産権保障や平等原則の見地から問題である。そこで、こうした適法な公権力の行使によって発生した損失を公平負担の見地から調整するために、損失補償という財産権保障の制度が設けられている。損失補償に関する一般法はなく、個別の法律が定めている場合になされるが、そうした規定がない場合でも憲法29条3項に基づき補償請求は可能である。

　ただし、財産権が制約される場合であっても常に補償がなされるわけではなく、補償は、財産上「特別の犠牲」が課された場合に限られる。また、補償の内容は、憲法29条3項により「正当な補償」が要請されるが、これに関しては、発生した損失にはその経済的価値に見合う完全な補償を要するとする完全補償説と、公正な算定に基づき算出した相当または妥当な補償で足りるとする相当補償説がある。

(2) 国家賠償

　法治行政の原則から違法な行政作用はあってはならないのが建前であるが、公務員の過誤によって違法な行政活動が行われる可能性がある。また、行政が提供している道路等の公物に欠陥を生じ、利用者である国民に不測の損害を与えることもある。こうした場合に被害を受けた国民を救済するための制度が国家賠償であり、憲法17条の趣旨を受けて国家賠償法が制定されている。

　国家賠償法1条は公権力責任とも呼ばれ、公権力の行使を行う公務員が、その職務を行う際に、故意や過失によって違法に国民に損害を与えたときに、国や公共団体が賠償責任を負うものである。また、2条は営造物責任とも呼ばれ、道路や河川など公物の設置や管理に落ち度があって国民に損害を発生させたときに、国や公共団体が賠償責任を負うとするものである。2条は1条と異なり、公物の設置や管理に過失がなくても賠償責任を負わなければな

らない無過失責任である。

(3) 行政不服申立て

　行政不服申立てとは、行政活動によって権利・利益を侵害された国民の救済と行政の適正な運営の確保を目的として、行政機関に審査を申立てる手続をいう。一般法として行政不服審査法がある。審査の対象は行政庁の処分および不作為である。審査権の範囲は当該処分の適法性の判断のほか、当・不当の判断、すなわち行政庁の裁量権の行使が妥当か否かの判断も含む。不服申立てには、処分庁や不作為庁に対して不服を申立てる異議申立て、処分庁や不作為庁以外の行政庁に対して不服を申立てる審査請求、審査請求の裁決に不服のある者が、法令に定めがある場合に限って提起しうる再審査請求の3種類がある。異議申立てに対する行政庁の判断を決定、審査請求および再審査請求に対するそれを裁決という。審査手続は書面主義・職権主義が原則であって、簡易で迅速な救済が得られやすい。こうしたことから略式の争訟ともいわれる。

(4) 行政事件訴訟

　行政事件訴訟とは、通常の司法裁判所が、訴訟手続に従って行う行政事件の裁判のことをいう。行政事件訴訟は主観訴訟と客観訴訟に大別され、前者はさらに抗告訴訟と当事者訴訟に、後者は民衆訴訟と機関訴訟に分かれる。

1) 主観訴訟・客観訴訟

　主観訴訟とは、違法な行政作用によって権利・利益を侵害された国民が、その行為の適否を争う訴訟であり、国民の個人的な利益の保護を目的とする訴訟である。行政事件訴訟法では抗告訴訟と当事者訴訟が定められている（行訴3条・4条）。客観訴訟とは、国民個人の権利・利益にかかわらない違法行為が存在している場合に、それを是正することで客観的な法秩序の維持を

目的とする訴訟である。客観訴訟は、法令に明文の根拠がある場合にのみ提起でき、行政事件訴訟法では民衆訴訟や機関訴訟が定められている（行訴5条・6条）。これらの訴訟類型のなかで中心的な訴訟類型が抗告訴訟である。

2）抗告訴訟

抗告訴訟とは、「行政庁の公権力の行使に関する不服の訴訟」であり、処分取消訴訟、裁決取消訴訟、無効等確認訴訟、不作為違法確認訴訟、義務付け訴訟および差止め訴訟の6類型が法定されている（行訴3条2項〜7項）。これらのなかで、実務では処分取消訴訟の訴訟数が最も多く、また、行政事件訴訟法の構成も、他の訴訟に関してはこの訴訟の規定が準用されており、中心的な訴訟類型となっている。以下では、取消訴訟について説明する。

3）取消訴訟

取消訴訟とは、行政庁の処分その他公権力の行使にあたる行為の取消しを求める訴訟のことをいう。取消訴訟が提起されると、まず、訴訟要件が審査される。訴訟要件とは、原告がその請求について実質的な審理を受ける前提として必要とされる要件であり、これを満たしていない訴えは不適法として却下される。訴訟要件のなかでもとりわけ議論されているのが処分性の問題と訴えの利益の問題である。

① 処分性　取消訴訟で取消しの対象となるのは、「処分」または「その他公権力の行使に当たる行為」であるが、これらに該当するのはいかなる行為なのかという問題が処分性の問題である。従来の判例・通説によると、処分とは、一般に行政行為を意味し、その他公権力の行使にあたる行為とは、行政行為に準ずる行政庁の権力的な事実行為を指すと解されている。そして、処分性の認定要件として、公権力の行使、国民に対する法的効果、紛争の成熟性という3つがいわれ、これらを満たさない行政作用は処分には該当しないとされる。

② 訴えの利益　本案判決が下されるためには、訴えの内容が裁判所を利用して解決するに足るだけの具体的な実益をもつことが必要とされる。この実益が広義の訴えの利益であり、それはさらに、原告適格と狭義の訴えの

利益に分けられる。

　取消訴訟は、処分の取消しを求める「法律上の利益」を有する者であれば提起できる。これを原告適格という（行訴9条1項）。法律上の利益について判例は、処分の根拠となった法律が、原告の利益を保護する目的で制定されている場合に限って取消訴訟の提起を認めているとする、法の保護する利益説の立場を採る。

　狭義の訴えの利益とは、行政事件訴訟法9条1項括弧書きが定めるものである。裁判は原告に現実の救済を与えることを目的としているので、判決によって行政行為が取消された場合に、原告の救済が実現できる状況にないならば、訴えの利益が認められないことになるのである。

　③　出訴期間　　取消訴訟は「処分又は裁決があつたことを知つた日から6箇月」以内に提起すべきこととされており、この期間を出訴期間という（行訴14条1項）。これを過ぎると、たとえ行政行為によって権利・利益を侵害された者であっても、もはや訴えを提起して行政行為の取消しを求めることができなくなる。

　④　その他の訴訟要件　　上述の処分性、訴えの利益、出訴期間の遵守のほか、被告適格の存在（行訴11条）、訴訟を管轄裁判所に提起すること（行訴12条）、審査請求前置との関係（行訴8条）などが訴訟要件として求められている。

　⑤　取消訴訟の審理　　訴えが訴訟要件を備えている場合には、裁判所は、請求の当否について審理を行うことになる。これを本案審理という。審理手続は、原則として通常の民事訴訟と同様に当事者の意思に基づいて主張・弁論がなされる弁論主義を基調とするが、他方、行政事件訴訟は公共の利害に関係するところも大きいため、当事者間で解決が図られればそれで足りるとはいえない場合もある。そこで、必要がある場合には、裁判所は職権で証拠調べを行ったり、第三者や他の行政庁を訴訟に参加させるなど、職権主義の要素も加味している（行訴22条～24条）。

　⑥　執行停止と内閣総理大臣の異議　　民事訴訟では、原告の仮の権利保

護のために仮処分命令の制度があるが、行政事件訴訟では仮処分を認めると行政活動が停滞するという懸念があるため、これを認めていない。しかし、行政事件訴訟においても原告の仮の権利保護を図る必要性はあるから、仮処分の代わりに処分の効力や執行を停止する制度が設けられている。すなわち行政事件訴訟法 25 条では「執行不停止」を原則としつつ、一定の要件を満たす場合には裁判所が執行停止を行うことになっている。しかし、この執行停止に対しては、さらに内閣総理大臣から異議を申立てることができる（行訴 27 条）。これは、公共の福祉の見地から裁判所の執行停止決定に対する内閣総理大臣の対抗手段である。この場合、裁判所は執行停止の決定を取消さなければならなくなるが、学説は、この制度は憲法の要請する権力分立の建前に反し、違憲の疑いが強いと批判している。

⑦ 判決の種類　訴訟は裁判所の判決により終了するが、判決にはその内容により訴訟判決と本案判決がある。訴訟判決とは、訴えが訴訟要件を欠いている場合に、これを不適法として却下する判決で、先に述べた原告適格が認められない場合や訴えの利益がない場合等にはこの判決がなされる。本案判決は、請求の当否を判断する判決であり、請求認容判決、請求棄却判決のほか、いわゆる事情判決がある。請求認容判決は、処分の取消しを求める請求に理由があるとして、処分を取消す判決であり、請求棄却判決は原告の主張するような違法事由が認定できず、訴えに理由がないとしてこれを排斥する判決である。事情判決とは、審理の結果、処分が違法であるが、これを取消すことが公の利益に適合しないと認める場合に請求を棄却するもので、公益擁護の見地から認められた例外的制度である。なお、事情判決をする場合には、裁判所は判決の主文で、処分が違法である旨を宣言しなければならない（行訴 31 条）。

II-3

刑　　法

1　刑法の基礎

(1) 刑法の意義

どのような行為が犯罪とされ、それに対してどのような刑罰が科されるのかを規定した法を刑法という。刑法は、広義の刑法と狭義の刑法に分けられ、広義の刑法とは刑法典のほか軽犯罪法や暴力行為等処罰ニ関スル法律等の特別刑法をはじめ、法の名称を問わず、犯罪と刑罰との関係を規定する法をすべて含む。一方、狭義の刑法とは「刑法」という名称で公布された法典（刑法典。1907〔明治40〕年公布。1908〔明治41〕年施行。1995〔平成7〕年表記を現代語化）のことをさす。

わが国の刑法典は、「第1編　総則」と「第2編　罪」の2編からなっており、第1編では犯罪の成立・処罰に関する一般原則が、また、第2編では殺人罪や窃盗罪など個々の犯罪についての要件とその犯罪に対する特定の刑罰とが規定されている。「第1編　総則」は、広義の刑法にも適用される（刑8条）から、原則として、すべての犯罪に適用される。

刑法典に規定されている犯罪は、ほとんどが社会的・倫理的な見地から許しえない行為を内容とする典型的な犯罪であり、刑事犯・自然犯と呼ばれる。それに対して広義の刑法に規定されている犯罪は法定犯と呼ばれる。そのなかには、たとえば、税法上の犯罪に見られるように、一定の事柄について行政上の取り締まりの必要から設けられた行政犯と呼ばれるものも多い。なお、法違反と法制裁を定めた法はほかにも数多くあるが、それが、刑法9条に定

めている刑罰以外の制裁、たとえば過料や懲戒、を定めている場合には、刑法とはいわない。

(2) 刑法の機能

　刑法にはいくつかの機能がある。第一に、社会秩序維持機能（規律的機能）がある。刑法は犯罪に対して刑罰という極めて強力な国家的制裁を規定している。これにより、人々は刑罰を科せられることをおそれて犯罪を犯すことを慎むことになり、社会共同生活の秩序が維持されることになる。第二に、社会秩序維持機能の反面として、被害者の利益を擁護する役割も果たす。たとえば、殺人犯人を処罰することは、被害者の生命の保護を目的としていることになる。法が保護する生活利益を法益と呼ぶが、刑法にはこうした法益保護機能（保護的機能）も認められる。第三に、刑法はあらかじめ刑罰権発生の条件としての犯罪の範囲を定めることで、その範囲外にある行為は処罰しないという意味が含まれる。つまり、犯人を含むすべての人々は、刑法によって国家の無制限な処罰を科せられることがないという行動の自由を保障されていることになる。これを自由保障機能（保障的機能）という。「刑法は、犯罪を行なわない善良な国民のマグナ・カルタであるが（犯罪を行なった）犯罪者のマグナ・カルタでもある」（リスト〔Franz von Liszt, 1851–1919〕）。

　ところで刑法は、社会共同生活を犯罪から守る手段として極めて有力なものではあるが、犯罪の範囲を拡張し過ぎたり、過酷過ぎる刑罰を用いたりすると、かえって社会的混乱を招いてしまうおそれもある。むしろ、社会政策など刑罰以外の手段で目的を達することができると考えられる場合には、できるだけ刑罰権の発動を控えることが望ましい。刑法の適用をできるだけ抑えるべきであるというこのような建前を謙抑主義といい、刑法の重要な原則として理解されている。

2 罪刑法定主義の原則

(1) 総　説

　どのような行為が犯罪となり、これに対してどのような刑罰が科されるのかがあらかじめ明らかになっていなければ、人は刑罰をおそれて自由に行動できない。そこで、犯罪となる行為とそれに対して科される刑罰は、あらかじめ法律で定められていない限り、いかなる行為も犯罪として処罰されないという原則が生まれた。これが、罪刑法定主義と呼ばれる原則であり、刑法上、最も重要な基本原理である。フォイエルバッハ（Paul Johann Anselm von Feuerbach, 1775-1833）はこの原則を、「法律なければ犯罪なし。法律なければ刑罰なし」と表現した。

　罪刑法定主義の歴史は、古くは1215年のイギリスのマグナ・カルタに遡る。それには「いかなる自由人も、同じ身分の者の適法な裁判により、かつ、国の法律によるのでなければ、逮捕され、監禁され、領地を奪われ、法的保護を奪われ、追放されることはない……」と規定されていた。その後、この原則はアメリカやフランスなどに受け継がれ、現在では各国の憲法や刑法のなかに規定されている。

　日本では、1880（明治13）年に制定された旧刑法2条が「法律ニ正条ナキ者ハ何等ノ所為ト雖モ之ヲ罰スルコトヲ得ス」と規定し、初めて近代的な罪刑法定主義を採用し、また、1890（明治23）年の大日本帝国憲法23条も「日本臣民ハ法律ニ依ルニ非スシテ逮捕監禁審問処罰ヲ受クルコトナシ」と定め、この原則を憲法上の原則とした。1907（明治40）年に制定された現行刑法典にはこれに関する条文はないが、もとより罪刑法定主義を否定したものではなく、憲法に明示されている以上、あえて同様の趣旨を重ねて規定する必要はないと考えられていた。そして現行の日本国憲法31条や39条においても、この原則を明確に定めている。

(2) 罪刑法定主義の内容

罪刑法定主義の具体的内容として、以下のことがいわれている。
1) 慣習刑法の禁止

憲法31条は、「何人も、法律の定める手続によらなければ、その生命若しくは自由を奪はれ、又はその他の刑罰を科せられない」と規定している。ここでいう法律は国会で議決された狭義の法律のことであり、成立した時期や内容が不明確な慣習刑法によって刑罰を科すことは、処罰に関する国民の予測可能性を損なうことになるから禁止される。ただし、慣習が間接的に処罰に影響を与えることまで否定するものではなく、たとえば、水利妨害罪（刑123条）における水利権は、通常は慣習によって認められるものであるし、保護責任者遺棄罪（刑218条）における保護責任も慣習や条理に基づくものであってもよいと解されている。なお、地方自治法14条3項では、普通地方公共団体は条例によって罰則を定めうる旨が規定されており、広範囲にわたる包括委任が認められているが、憲法94条が地方公共団体に条例制定権を認めていることや、条例は地方議会が定めるもので、実質的に法律に準ずる性格を有するものであることなどから、憲法31条には違反しないと考えられる（最大判昭37・5・30刑集16巻5号577頁）。
2) 類推解釈の禁止

法律がいかに明文で定められていても、それを適用するにあたっては解釈が必要になる。類推解釈とは、ある事柄について直接規定する明文がない場合に、類似した他の事柄に関する規定を適用して解釈することをいう。たとえば、一定の場所で馬の通行を禁止する法律があるとする。この場合に、生物学の分類上は馬の仲間に含まれる「ロバ」もここでいう「馬」に含まれるというように、その言葉が通常もっている意味のうちで広い意味に理解することを拡張解釈という。こうした解釈は、法文の解釈方法として一般人の予測の範囲内にあるといえる。それに対して、「馬」が禁止されているなら「牛」も同じように禁止されているというように、その言葉が通常もってい

る意味を超えて類似のものにまで適用するのが類推解釈である。「犬の入室を禁止」する病院の待合室に、突然熊使いが熊を連れて現れた場合（ラートブルッフ〔Gustav Radbruch, 1878-1949〕の設例）など多くの類例が考えられる。刑法の解釈で類推解釈を許してしまうと、法の条文によらずに新たな犯罪をつくり出すことになり、結局どのような行為が犯罪となるのか予測できなくなる。そこで被告人に不利益となってしまうから採用することができないとされる。

　実際に類推解釈と拡張解釈を明確に区別することには困難を伴うが、判例では以下のような例がある。旧刑法では「人ノ所有物」を盗んだ者を窃盗として処罰していたが、勝手に他人の家から電線を引いて電気を使った行為が、「物」を盗んだ行為に該当するかが問題になった。これについて大審院は、管理可能性があれば有体物でなくても人の所有物といえると解釈し、電気は「物」であるとして、窃盗罪で処罰した（大判明36・5・21刑録9輯874頁）。その他、ガソリンカーを刑法129条の過失往来危険罪にいう「汽車」に含まれるとした解釈（大判昭15・8・22刑集19巻540頁）、文書の原本を複写した写真コピーを刑法155条の公文書偽造罪にいう「文書」にあたるとした解釈（最判昭51・4・30刑集30巻3号453頁）、胎児のときに侵襲され、出生後胎児のときの侵襲が原因で水俣病に罹患していれば「人」に対する侵襲であり、死亡すれば「人」の死亡であるとした解釈（最決昭63・2・29刑集42巻2号314頁）、テレフォンカードを刑法163条の「有価証券」にあたるとした解釈（最決平3・4・5刑集45巻4号171頁）などである。

3）遡及処罰の禁止（刑法不遡及の原則）

　憲法39条前段には、「何人も、実行の時に適法であつた行為……については、刑事上の責任を問はれない」と規定している。これは、アメリカ憲法にいう事後法の禁止と同様、実行の際には処罰の対象とされていなかった行為に対して、事後に罰則を設け、遡って処罰することは許されないという刑法不遡及の原則を定めたものである。他の法分野では、新しい法律は進歩した内容のものであるとして、施行時以前に遡及適用されることもあるが、刑法

については個人の自由を保障する観点から原則として遡及処罰が禁止される。ただし、刑法6条は「犯罪後の法律によって刑の変更があったときは、その軽いものによる」と規定しており、形式的には不遡及の原則の例外となるが、実質的には、被告人の利益を図って事後の軽い刑に遡及効を認めるものであり、罪刑法定主義の原則に反しない。

4）絶対的不定期刑の禁止

懲役・禁錮・拘留などの自由刑を言い渡す際に、単に「懲役刑に処する」と言い渡すなど、刑期をまったく定めない刑を絶対的不定期刑という。このような刑罰を認めると、いつまで刑に服することになるのかわからず、また、刑を執行する機関に出獄時期を委ねてしまうことになるから、恣意的な刑罰権の行使にもつながり、受刑者の人権保障を危うくしてしまう。そこで、絶対的不定期刑は罪刑法定主義に反するものとして禁止される。なお、「1年以上3年以下の懲役」というように、刑の長期と短期を定めて言い渡し、現実の受刑期間を執行機関の裁量に委ねる刑を「相対的不定期刑」というが、わが国では少年法52条がこの刑罰を認めている。これは、少年の人格の可塑性によるものであり、少年の更生に資するから罪刑法定主義の原則に反することにはならない。

5）刑法の内容の適正の原則

この原則は、刑罰法規の定める犯罪と刑罰とは、釣り合いの取れた適正なものとして定められることが必要とされるというものである。憲法31条の趣旨は、単に、犯罪と刑罰を法律で定めさえすればよいというものではなく、その実体内容が適正であることをも求めている。たとえば窃盗に対して死刑を規定するような、ある犯罪とそれに対する刑罰の均衡が保たれていない場合には、憲法31条に違反していると解される。

6）刑法の明確性の原則

この原則は、犯罪と刑罰を規定する法律はその内容が明確でなければならないとするものである。不明確な刑罰法規は国民の予測可能性を害し、人権保障を危うくする。さらに、刑罰法規の恣意的な運用を招くおそれもある。

それゆえ刑罰法規は、通常の判断能力を有する一般人が、その法文から、処罰の範囲や適用の基準を容易に読み取れる程度に明確であることを必要とし、そのような明確性を欠く刑罰法規は憲法 31 条に違反し無効となるとされる。法文の明確性の判断基準について争われた徳島市公安条例事件では、条例中の「交通秩序を維持すること」という文言は、上記の基準に照らし、あいまいなものとはいえないとした（最大判昭 50・9・10 刑集 29 巻 8 号 489 頁）。

3 犯罪論

(1) 犯罪の成立要件

刑法において犯罪とは、私たちの社会的共同生活を侵害する人の行為のうち、刑罰を科せられるべきものをいい、一般に「構成要件に該当する違法で有責な行為」と定義づけられる。この構成要件該当性、違法性および有責性（責任）の 3 要件を犯罪の成立要件と呼んでいる。

1) 構成要件該当性

構成要件とは、刑法が定める犯罪要件の大枠である。たとえば、刑法 199 条の殺人罪では「人を殺した者」というのが構成要件であり、犯罪が成立するためには、まず、行為が構成要件に該当しなければならない。犯罪を規定している刑法の罰条は、法律上罰せられるべき行為を文言により定型化したものであるから、構成要件は違法かつ有責行為の定型ということになる。構成要件に該当しない行為は犯罪とはならず、また、構成要件に該当する行為は、原則として違法かつ有責であると推定され、特別に違法性を阻却する事由がない限り違法性があると認定してよいことになる。

構成要件は、客観的要素と主観的要素からなる。客観的要素としては、行為、行為の主体、客体、状況等があり、主観的要素としては故意または過失、目的犯における目的などがある。

行為の主体は自然人であれば格別限定されないのが原則であるが、例外的に一定の資格を備えた者でなければ行為の主体となりえない犯罪もある。たとえば、収賄罪（刑197条以下）においては、「公務員」の収賄行為のみが罰せられる。このような、行為の主体として一定の身分のある者であることが必要とされている犯罪を身分犯という。なお、法人が行為の主体となりうるかが争われるが、刑法犯については法人の犯罪能力は否定されている（大判昭10・11・25刑集14巻1217頁）。一方、行政刑法の領域では法人の処罰が認められている場合も多い（所得税法243条1項、独禁95条1項、宅地建物取引業法84条など）。行為の客体とは行為の向けられる対象をさす。また、消火妨害罪（刑114条）における「火災の際に」のように、構成要件によっては、一定の行為の状況が規定されることもある。
　主観的要素としての故意とは「罪を犯す意思」（刑38条1項）のことをいい、故意を要素とする犯罪を故意犯という。過失とは不注意によって犯罪を犯す行為者の主観的態度であり、過失に基づく犯罪を過失犯という。過失犯は、「法律に特別の規定がある場合」（刑38条1項）にのみ罰せられる例外的な犯罪である。目的とは、通貨偽造罪（刑148条）における「行使の目的」のように、ある犯罪においてその要件を厳格に制約しようとする趣旨から、故意の他に必要とされる主観的要素のことで、こうした目的を必要とする犯罪を目的犯と呼ぶ。
　構成要件に該当する行為者の具体的な身体の動静を実行行為というが、実行行為で特に問題となるのが不作為犯と因果関係である。
　① 不作為犯　　不作為により犯罪を実行する場合を不作為犯という。不作為犯は、もともと構成要件が不作為を予定している真正不作為犯と、作為の形式で規定されている構成要件を不作為によって実現する不真正不作為犯がある。たとえば真正不作為犯である多衆不解散罪（刑107条）においては、暴行・脅迫の目的で集合した多衆が、権限のある公務員から解散の命令を3回受けないうちに解散すべき作為義務があるのに、3回以上に及んでもなお解散しなかったときは、その「解散しない」という不作為が実行行為にあた

ると解され、この構成要件該当性の判断は比較的容易である。ところが、たとえば「母親が生後間もない自分の子どもを殺す意思で授乳を怠り死亡させる」ような、不作為によって殺人という実行行為を行う不真正不作為犯においては、どのような場合に構成要件に該当する実行行為があるといえるのかが解釈上困難な場合も多い。なぜなら、不真正不作為犯の実行行為としての不作為も、刑法の要求する作為義務に違反するものでなければならないが、その作為義務は刑法の規定自体から直ちに読み取ることはできないからである。

　この問題については従来から様々な議論が展開されてきたが、今日では、厳格な要件の下で、不真正不作為犯の構成要件該当性を認めるのが一般的である。すなわち、結果を防止する法的な作為義務のある者が、作為可能性があり、容易に結果の発生を防止できるにもかかわらず、これをしない場合には、その不作為は作為と同価値性があり、処罰に値する構成要件該当性があると解するのである。たとえば、溺れかけている子どもを助けないで殺意をもって放置した場合、それが他人の子であれば犯罪とはならないが、自分の子であれば犯罪となりうる（民法820条の親権者の未成年の子に対する監護養育義務。上述の母親の嬰児に対する授乳義務もこれにあたる）。法的な作為義務としては、法令によるほか、契約（ベビーシッター契約等）、事務管理（事務管理として病人を自宅に引き取った者）や、先行行為に基づく結果防止義務（自動車を運転して通行人をはねたような場合）、信義則による告知義務（つり銭が多いことに気づいたような場合）等がある。

　② 因果関係　実行行為に基づいて一定の結果の発生することが構成要件の要素となっている犯罪である結果犯においては、実行行為と結果の間に原因と結果の関係が存在しなければならない。この関係を因果関係という。これが欠ける場合には、たとえ実行行為があって一定の犯罪的結果が発生しても構成要件を充足したこと（既遂）にはならず、未遂にとどまる。刑法上の因果関係に関する理論としては二つの見解が主張される。

　(a) 条件説　条件説とは実行行為と結果との間に、前者がなかったなら

ば後者は発生しなかったであろうという、いわゆる条件関係がある限り、刑法上の因果関係は認められるとする見解である。たとえば、比較的軽い傷害を受けた被害者が病院に運ばれる途中、救急車が交通事故を起こして死亡した場合にも、条件説によると傷害行為と被害者の死亡という結果の間に因果関係が認められることになる。落語「風が吹けば桶屋がもうかる」は、この説を地で行く。しかし、こうした例にまで因果関係を認めてしまうと広きに失することになるであろう。そこで、条件説の広すぎる適用を制限し、相当性の範囲内で因果関係を認めようとするために唱えられたのが相当因果関係説である。

(b) 相当因果関係説　相当因果関係説とは、行為と結果との間に条件関係が存在するだけでは足りず、さらに一般人の社会生活上の経験に照らして、その行為からその結果が発生することが「相当」であると認められることが必要であるとする見解である。この場合、実行行為と結果との間の相当性の有無を判断する基準としては、(ア)行為の当時、行為者が認識していた事情および認識しえた事情を考えるべきものとする主観説、(イ)行為時に存在した一切の事情、および事後に生じた事情でも、それが一般人に予見可能なものであったときはすべて考慮すべきであるとする客観説、(ウ)行為の際に一般人ならば知りえた事情および行為者が特に認識していた事情を考慮すべきであるとする折衷説がある。主観説と客観説はいずれも極端に過ぎるため、その中間に立ち、一般人と行為者のそれぞれの事情を合わせ考慮する折衷説が妥当な見解と考えられ、通説となっている。なお、判例は基本的に条件説に従っていると解されるが、相当因果関係説を採用したとみられるものも若干存在している。

2) 違 法 性

違法性とは、行為が実質的に全体としての法秩序に違反することをいう。構成要件に該当する行為は、通常、違法性を帯びていることが推定されることから、構成要件に該当する行為が犯罪となるか否かは、例外的に違法性がなくなる場合にあたるかを検討すればよい。違法性がなくなるこうした事由

を違法性阻却事由という。

① 正当行為　刑法35条は「法令又は正当な業務による行為は、罰しない」と規定している。一般に、前者を法令行為、後者を正当業務行為と呼ぶ。法令行為とは、直接に成文の法令に基づいて、行為者の権利または義務として行われる行為である。警察官による逮捕（刑訴199条）や親権者が未成年の子を懲戒のために殴打する行為（民822条）はいずれも法令に基づく行為であり、逮捕罪（刑220条）や暴行罪（刑208条）の構成要件に該当しても、その違法性が阻却される。正当業務行為とは、法令に直接の規定はなくても、社会観念上、正当な業務に基づくものとみられる行為をいう。たとえば医師の手術や力士の相撲、プロボクサーのボクシングなどは、傷害罪（刑204条）や暴行罪（刑208条）の構成要件に該当するが、その違法性は阻却される。なお、スポーツに関しては、それがプロかアマチュアかによって区別する理由はないから、刑法35条は業務に限らず正当な行為は広く違法性を阻却することを定めたものと解すべきだとされ、アマチュアスポーツであっても違法性は阻却されるとし、その他、被害者の承諾に基づく行為、要件を満たした安楽死、正当な労働争議行為なども違法性が阻却されると解されている。

② 正当防衛　正当防衛とは、「急迫不正の侵害に対して、自己又は他人の権利を防衛するため、やむを得ずにした行為」をいう（刑36条1項）。その本質は、何人も不正に対して道を譲る必要はないから、不正な侵害者に対する反撃は正当化されるという「不正対正」の関係にある。正当防衛が成立するためには、まず、その行為が急迫不正の侵害に対してなされたことが要求される。「急迫」とは法益が現在侵害されているかその危険が目前に迫っていることをいい、「不正」とは違法を意味する。「侵害」とは、他人の権利に対して実害または危険を与えることをいい、不作為による侵害も含まれる。次に、自己または他人の権利を防衛するため、やむを得ずにした行為でなければならない。「権利」となっているが、これは広く法益を意味すると解されている。「やむを得ずにした」とは、防衛のためになされた行為が、国家的・社会的倫理規範に照らして防衛行為として必要かつ相当なものであった

と認められることを意味する。また、主観的な要件として、防衛の意思も必要である。こうした要件を満たす防衛行為は違法性が阻却され、犯罪とならない。

③ 緊急避難　緊急避難とは「自己又は他人の生命、身体、自由又は財産に対する現在の危難を避けるため、やむを得ずにした行為」であって、「これによって生じた害が避けようとした害の程度を超えなかった場合」をいう（刑37条1項本文）。船が難破し、大海に投げ出された2人の人間が、1枚の板をめぐって争う「カルネアーデスの板」の設例がこの典型である。保全される法益は重要な法益を例示しただけで、名誉や貞操なども含まれる。「現在の危難」とは法益侵害の危険が現に切迫していることをいう。危難は人の行為によって発生したものだけではなく、洪水で畑の作物が水没する場合や野犬に襲われて咬まれそうになることなど、自然現象や野生の動物によって生じたものも含まれる。「やむを得ずにした行為」とは、避難行為がその危難を避けるための唯一の手段であり、他にとるべき方法がなかったことを意味すると解されており、これを補充の原則と呼んでいる。さらに価値の大きい法益を危難から守るために、価値の小さい他人の法益を犠牲にすることは許されるが、逆の場合は緊急避難とはなしえないという法益権衡の原則も定められている。また、主観的な要件として、避難の意思も必要である。このように、緊急避難は正当防衛とは異なり、危難を第三者に転嫁する「正対正」の関係になることから、より厳格な要件が定められている。こうした要件を満たす避難行為は違法性が阻却され、犯罪とならない。

3）有責性（責任）

責任とは、構成要件に該当する違法な行為を行ったことについて、その行為者を非難しうることをいう。近代刑法では「責任なければ刑罰なし」、すなわち、責任がなければ犯罪は成立しえず、したがって、刑罰は科せられないという原則が採られており、これを責任主義という。責任の要素は、一般に刑事責任を負担するだけの能力をもつことを意味する責任能力と、個々の具体的状況の下で責任を負担するための責任条件としての故意または過失お

よび実質的責任評価としての期待可能性である。

① 責任能力　　責任能力とは行為の際に自己の行為の是非を理解し、その理解に従って行為する能力をいう。一般人には通常このような能力があり、問題となるのは例外的に責任能力をまったく欠いているか、あるいは著しく減退している場合である。前者を責任無能力者といい、心神喪失者や14歳未満の者である刑事未成年者が該当し、これらの者の行為は責任が阻却され、犯罪とはならない（刑39条1項・41条）。また、後者を限定責任能力者といい、心神耗弱者が該当し、刑が必ず減軽される（刑39条2項）。

② 故意・過失　　故意とは構成要件に該当する事実を認識し、かつ結果の発生を認容することである。事実および結果発生を確定的に認識している確定的故意のほか、結果が発生するかもしれないと予見しながら、発生しても仕方がないと認容して行為する未必の故意も故意の一種である。たとえば、屋上から物を投げ捨てる際に、下にいる人に当たって死ぬかもしれないと思いながら、当たっても構わないと思って物を投げ捨てたときは、殺人罪の未必の故意が認められることになる。過失とは、法の求める注意を払って、自己の行為から結果が発生することを予見し、かつ予見した結果を回避しなければならないのに、その注意義務に違反して違法な結果を生ぜしめる場合である。故意のない行為は罰しないのが原則であり、過失犯を処罰するには法律に特別の規定が必要である（刑38条1項）。過失には通常過失、重過失、業務上過失の種類がある。重過失とは、ごく僅かな注意を払うことを怠って犯罪事実を発生させた場合であり、通常の過失に比べ刑が加重される。また、業務上過失とは一定の業務に従事する者が、業務上必要な注意を怠り結果を発生させた場合で、業務者は通常人に比して特別高度の注意義務が課せられているので、通常の過失より刑が加重される（刑117条の2・211条等）。なお、業務とは、社会生活上反復継続して行う事務であり、たとえば、反復継続して行う意思があれば、一般人の自動車運転も業務となる。

③ 期待可能性　　期待可能性とは、当該状況の下で行為者が違法行為をやめ適法行為に出ることを期待しうることをいう。たとえ責任能力や故意・

過失が認められるとしても、行為者の行為を非難するためには、行為当時の状況から、行為者が違法行為を行わずに適法行為をなしえたことが期待できなければならず、これが認められなければ有責性を欠き、犯罪とはなしえない。期待可能性の存否を判断する基準については議論があるが、行為者の具体的な立場に平均的な一般人を置いた場合に、他の適法行為を期待しえたかどうかによって判断すべきだとする平均人標準説が通説である。ドイツの「暴れ馬事件」やわが国の「第五柏島丸事件」がこの理論を考える契機となった。

(2) 未　遂　犯

犯罪の実行に着手したが、結果が発生しなかった場合を未遂という（刑43条本文）。刑法の基本的構成要件は、通常、既遂犯を対象としているが、犯罪が既遂に至らない段階でも、その行為の危険性が著しく、放置しえないときは処罰する必要があり、こうした場合を未遂犯という。すべての犯罪で未遂犯が処罰されるわけではなく、未遂を罰する場合は各本条で定めなければならない（刑44条）。

未遂犯は、未遂の原因が自己の意思によるか否かにより中止未遂と障害未遂に分けられる。中止未遂とは、行為者が自己の意思によって犯罪を中止した場合をいい、犯人に退却の機会を与えるという政策的理由（「後戻りのための黄金の橋」〔リスト〕）および中止行為による実害の防止と犯行の決意の事後的撤回という点で違法性および責任が減少され、刑が必ず減軽または免除される（刑43条但書）。中止未遂が成立するためには、行為者が自己の意思によって犯罪を中止しなければならないから、被害者の流血に恐怖して殺害をやめた場合等は、自発的な中止ではなく中止未遂にはならない。判例では、広義の後悔が必要とされている。未遂のうち中止未遂にならないものはすべて障害未遂となる。障害未遂は中止未遂とは異なり、刑を減軽しうるにとどまる（刑43条本文）。

(3) 共　　　犯

　共犯とは2人以上の者が意思連絡をもって犯罪を行う場合をいい、必要的共犯と任意的共犯とに分かれる。必要的共犯とは犯罪の性質上はじめから複数の行為者が予定されている犯罪であり、内乱罪（刑77条）や騒乱罪（刑106条）のように、多数者の行為が同一の目的に向かっている犯罪である多衆犯と、収賄罪（刑197条1項）と贈賄罪（刑198条）のように意思内容が相反する方向から合致する犯罪である対抗犯がある。任意的共犯とは、一人でもできる犯罪を2人以上の者が協力して犯す場合をいう。一般に共犯という場合には任意的共犯をさし、これには共同正犯、教唆犯および従犯（幇助犯）がある。

1）共 同 正 犯

　共同正犯とは2人以上共同して犯罪を実行した場合をいう（刑60条）。共同正犯が成立するためには主観的要件として共同実行の意思（意思の連絡）が、また、客観的要件として共同実行の事実（行為の分担）が必要である。共同実行の意思は、明示によるものに限らず暗黙の了解でも成立する。なお、共同実行の事実に関して、わが国の判例は2人以上の者がある犯罪を犯すことを共謀した上、共謀者のなかの一部の者がその実行行為を行ったときに、直接実行に参加しなかった者も共同正犯が成立するという共謀共同正犯の理論を認めている。「悪い奴ほどよく眠る」というわけにはいかない。共同正犯が成立する場合には、各自がそれぞれ分担した行為で惹起した結果ばかりでなく、他の共同者が惹起した結果全体についても責任を負うことになる。

2）教　唆　犯

　教唆犯とは、人を教唆して犯罪を実行するに至らしめた者をいい、正犯と同じ法定刑で処断される（刑61条）。教唆とは、犯罪実行の意思のない者に対して犯罪の実行を決意させることである。夫マクベスに暗殺を決意・実行させ、スコットランドの王位に就かせたマクベス夫人の行為が、殺人教唆罪の典型である。共謀共同正犯との違いは、教唆者は自ら共同して犯罪を実行

する意思を欠き、決意から実行まで被教唆者（＝正犯）の意思に委ねることにある。

3) 従犯（幇助犯）

幇助とは、正犯の犯罪実行を手助けすることである。従犯とは、正犯を幇助して犯罪を実行するに至らしめた者をいい（刑62条）、正犯の刑を減軽した刑で処罰される（刑63条）。幇助犯とも呼ばれる。幇助とは、すでに犯罪を決意している者に対してその決意を強化することをいい、凶器を貸与したり金銭を援助するような物理的幇助のほか、犯人を鼓舞激励したり犯行の方法を指示したりする精神的幇助もそれに該当する。

4 刑罰論

(1) 刑罰の種類と内容

刑法9条は、生命刑である死刑、自由刑としての懲役・禁錮・拘留、財産刑としての罰金・科料・没収を規定している。このうち没収は付加刑であり、主刑を言い渡す場合に、それに加えてのみ科すことができる。刑罰はこの7種類のみであり、未決勾留や行政罰としての過料、交通違反時に科される反則金などは刑罰ではない。

1) 死　　刑

死刑は、刑事施設内で絞首して執行する（刑11条1項）。死刑制度に対しては、死刑は残酷であり、威嚇力も十分でない上に、誤判の場合には救済の余地がないなどの理由から廃止を主張する死刑廃止論の主張もあり、実際に死刑制度を廃止した国も増加している。他方、人を殺した者が罰として殺されることは当然であり、また、凶悪犯罪に対しては、法秩序を維持するためには死刑の威嚇力に期待しなければならないなどとして、死刑の存置を主張する死刑存置論の立場も根強い。死刑は憲法36条が禁止している「残虐な刑

罰」にあたるかという問題があるが、判例はこれを否定している（最大判昭23・3・12刑集2巻3号191頁）。なお、少年法51条1項によれば、犯行時18歳未満の者には死刑を科すことができない。

2）懲役・禁錮・拘留

これらはいずれも受刑者の自由を奪う刑罰であり、今日の刑罰体系の中心をなす。懲役・禁錮は、ともに受刑者を刑事施設に拘置するものであるが、懲役は所定の労働作業、すなわち刑務作業に服させるものであり（刑12条2項）、禁錮は、拘置するだけで所定の作業には服させないものである（刑13条2項）。しかし、所定の作業のない長期間の拘禁は、かえって受刑者にとっては苦痛であるので、それを救済するために請願作業の制度が設けられている（刑事収容処遇93条）。懲役・禁錮は、ともに無期と有期があり、有期は1月以上20年以下である（刑12条1項・13条1項）が、加重するときは30年にまで上げることができ、減軽するときは1月未満に下げることができる（刑14条）。拘留は、1日以上30日未満、刑事施設に拘置される刑罰である（刑16条、刑事収容処遇2条7号）。

3）罰金・科料

罰金は1万円以上とされるが、減軽するときは1万円未満に下げることができる（刑15条）。科料は1000円以上1万円未満とされる（刑17条）。わが国で科せられる刑罰では罰金が大部分を占めている。罰金・科料を完納することができない者に対しては、換刑処分として、一定の期間労役場に留置し、労役を賦課することとされている（刑18条）。

4）没収・追徴

没収は犯罪行為と関係のある一定の物についてその所有権を失わせ、国庫に帰属させる処分である（刑19条）。追徴は没収の対象物が滅失したり同一性を失ったりしたことなどによってその全部または一部を没収しえないときにその価額を金銭で取りあげる処分である（刑19条の2）。刑法19条は任意的没収であるが、賄賂罪の没収は必要的であり、特別刑法でも必要的没収を定めるものが多い（覚せい剤取締法41条の8・1項など）。

(2) 刑の執行猶予・仮釈放

　刑の執行猶予とは、刑を言い渡すにあたり、犯情によって必ずしも刑の現実の執行を必要としない場合に、一定の期間その執行を猶予し、猶予期間を無事に経過したときは、刑罰権を消滅させる制度である。刑法は、重い前科のない者に対して、3年以下の懲役・禁錮または50万円以下の罰金を言い渡す場合に、情状によって、その刑の執行を猶予しうるものとし、猶予期間は、裁判が確定した日から1年以上5年以下の範囲内で裁判所が定めるものとしている（刑25条）。執行を猶予された者に対しては、改善の効果を期して保護観察の制度が考慮されており（刑25条の2）、その手続については更生保護法48条以下に規定がある。猶予期間中にさらに罪を犯した場合等には執行猶予が取消されることもあるが（刑26条〜26条の3）、取消されることなく猶予期間を経過したときは、刑の言渡しは将来に向かって効力を失うものとされる（刑27条）。

　仮釈放とは、自由刑の執行がまだ終了していないが、それまでの執行状況から、さらに執行を続ける必要がないとみられる場合に、仮に受刑者を釈放し、残刑期を無事に経過したときは、その執行を免除するものである。受刑者に更生の機会を与え、円滑な社会復帰を図ろうとする制度といえる。懲役・禁錮の受刑者に改悛の状があり、有期刑はその刑期の3分の1を、無期刑については10年を経過した後に、行政官庁（地方更生保護委員会）の処分によって行われる（刑28条）。手続については、更生保護法33条以下に規定されている。

(3) 保 安 処 分

　保安処分とは、行為者の危険性を基礎として、それに対する社会の防衛を図るとともに、本人の改善・治療を目的として行われるものである。保安処分の制度は、精神障害犯罪者が責任無能力者ないし限定責任能力者である場

合に、その者から社会を防衛し、また本人を改善・治療するために、刑罰に代わりあるいは刑罰を補充する制度が必要であるとの認識から提案され、諸外国で導入されている。わが国の刑法典では、これについて格別の定めはないが、特別法において少年に対する保護処分（少年法24条など）、保護観察（更生保護法48条以下）や売春婦に対する補導処分（売春防止法17条）、保護観察（売春防止法26条）などの例がみられる。

II-4 民　　法

1　民法の意義・基本原理・総則

　民法は私たちの日常の私的生活関係を規律する法律である。私たちの生活は、国民としての公的生活と、個人としての私的生活に分けることができ、民法は後者を規律する法である。民法は商法、借地借家法などの特別法に対して一般法という。特別法は一般法に優先する。民法の規定を修正する特別法を列挙すれば、借地借家法、利息制限法、農地法、労働基準法などがあり、民法を補充する特別法として不動産登記法、戸籍法、年齢計算ニ関スル法律などがある。民法を学習する場合、民法典のみならず特別法も並行して学習しなければならない。民法典は1898（明治31）年7月16日施行された。なお1947（昭和22）年5月3日、日本国憲法の施行に伴い、個人の尊厳と両性の本質的平等に立脚する基本原理に従い、親族編相続編が全面改正された（1948年1月1日施行。その後の改正は親族相続法解説の項参照）。

(1) 民法の基本原理

1) 個人主義的思想に基づく原理

　①　人格平等の原則　　憲法14条の精神から、人種・信条・性別・社会的身分によって差別されず、老若男女皆平等の権利を有し義務を負う。

　②　所有権の絶対（財産権の保障）　　所有権は財産権の一内容であるが、重要かつその大部分を占める。日本は資本主義国であり、その理念は個人の私的所有を認める憲法29条（財産権の保障）で明らかにしている。

③　私的自治の原則　　私的自治とは個人個人が自由な意思および活動により私法上の権利を取得し義務を負うことである。個人でできないことを他人に依頼することにより私的自治の拡充となり、能力のない者に代わって行為することにより私的自治の補充となる。私的自治は法律行為自由の原則を意味し、さらに契約自由の原則（締結の自由、相手方選択の自由、内容の自由、方式の自由）に行きつく。この原則は強い者の論理となりうるので、弱者保護の観点から、自由に対する一定の制限、たとえば公共的事業である電気・ガス・水道の事業や、公共的職務を有する医者・弁護士・助産師に締結の自由を制限したり、あるいは民法典を修正する特別法が制定されている。

　④　過失責任の原則　　故意・過失によって他人に損害を与えた場合に責任を負う原則である。

2) 社会尊重の思想に基づく原理

　資本主義経済の発展による富の偏在、貧富の差、経済的不平等の発生など個人主義的思想に基づく原理を補正・修正する考え方から、1947（昭和 22）年、民法改正時に導入された原理である。

　①　公共の福祉の原則　　「私権は、公共の福祉に適合しなければならない」という原則が民法1条1項に規定された。

　②　信義誠実の原則　　「権利の行使及び義務の履行は、信義に従い誠実に行わなければならない」（民1条2項）との原則である。契約中心社会では相互信頼が重要である。約束したことは守らなければならない。ただ、当事者の予測しえない事態の発生により約束が履行できない場合、事情変更の原則が適用されることもありうる。

　③　権利濫用禁止の原則（民1条3項）　　一見して権利行使のようであるが、実は他人の利益を侵害する場合がある。このような場合権利行使による利益と他人に与えた損害を比較考量して、客観的判断をしようとするものである。今日では高層ビル建築による日照・通風・採光・電波障害などに効果を発揮する。法規定前は判例で認められていた。信玄公旗掛松事件（大判大8・3・3民録25輯356頁）や、宇奈月温泉引湯木管事件（大判昭10・10・5民集14

巻 1965 頁) が広く知られている。

④　公序良俗違反は無効の原則　　公の秩序または善良の風俗に違反する事項を目的とする法律行為は無効である (民 90 条)。

⑤　無過失責任の原則　　これは過失責任の原則と対極にある原則で、企業責任を問う場合重要である。危険を出しているところ責任も帰す、あるいは利益の存するところ損失も帰すという考え、あるいは無過失を立証できなければ責任も存するとの考えである。四日市喘息訴訟で効果を発揮した。

(2) 権利・義務の主体と客体

1) 権利・義務の主体

権利・義務の主体とは権利・義務の担い手あるいは中心という意味で、「人」をさす。法律的に人とは自然人と法人をいい、権利の主体となりうる地位または資格のことを権利能力という。

2) 自　然　人

私たち生きている人間のことで、出生とともに権利能力を取得する。母体から全部露出をもって出生とみる (刑法では一部露出)。胎児は未出生なので権利能力はないが、損害賠償請求 (民 721 条)、相続 (代襲相続を含む。民 886 条 1 項)、遺贈 (民 965 条)、遺留分 (民 1028 条) についてはすでに生れたものとみなされ、胎児の利益保護を図っている (参考：胎児に不動産を相続させた場合の登記は「亡森野福郎妻花子胎児」とし、出生後名義人変更手続を採る)。

自然人は出生により権利能力を取得するが、法律的に行為ができるわけでなく、成長するに従って自己の行為の善し悪しを判断する能力が出てくる。これを意思能力という。さらに成長し満 20 歳になると成年となり、単独で有効な法律行為をなしうる能力・地位を取得する。これを行為能力という。単独で有効な法律行為をなしえない人を制限行為能力者といい未成年者、成年被後見人、被保佐人、被補助人の 4 者がある。

①　未成年者　　満 20 歳に至らない者 (成年年齢を 18 歳にする議論がなされ

ている。憲法改正手続投票権は満18歳）である。保護者は法定代理人としての親権者（いない場合は未成年後見人がつけられる）。法定代理人は同意権、追認権、代理権、取消権がある。未成年者が単に権利を得たり、義務を免れたり、処分を許された財産の処分や営業を許された場合、法定代理人の同意はいらない。

② 成年被後見人　精神上の障害により事理弁識能力を欠く常況にある者（認知症）について、民法7条に列挙する者の請求により家庭裁判所が後見開始の審判をすることにより成年被後見人となる。成年後見人がつけられる。成年被後見人の法律行為は取消すことができるが、日用品の購入その他日常生活に関する行為はこの限りでない（民9条）。

③ 被保佐人　精神上の障害により、事理弁識能力が著しく不十分な者について、民法11条に規定する者の請求により家庭裁判所が保佐開始の審判をすることにより被保佐人となり、保佐人がつけられる。被保佐人は民法13条の行為をするには保佐人の同意を得なければならない。日用品の供給その他日常生活に関する行為については同意はいらない（民13条但書）。

④ 被補助人　精神上の障害により事理弁識能力が不十分な者について民法15条に規定する者の請求により（本人以外の申請には本人の同意必要）家庭裁判所が補助開始の審判をすると、被補助人となり、補助人がつけられる。被補助人が特定の法律行為をするには補助人の同意を得なければならない旨の審判をすることができる。同意を得ないでした行為は取消すことができる（「障害・障害者」という文言について差別的意味があり、さわりはあっても害はないという観点から健常者に対し健障者の文言がよいのではないかと思料する。市町村段階では障がい者の表記が多くなった）。

3）法　　人

自然人以外で権利義務の主体となりうるもの、すなわち法的人格を取得したものをいう。公法人と私法人に分けられ、公法人は国や地方公共団体（都道府県市町村）をさす。私法人は一定の目的と組織を有する人の集団（これを社団という）が一般社団法人設立の手続をとり、また一定の目的のため提供

された財産の集合体（これを財団という）が一般財団法人設立の手続をとり、準則主義により法務局へ法人設立の登記をすることにより法人格を取得する（公益法人制度改革のため2008〔平成20〕年12月1日から、いわゆる法人三法＝①一般社団法人及び一般財団法人に関する法律、②公益社団法人及び公益財団法人の認定等に関する法律、③一般社団法人及び一般財団法人に関する法律及び公益社団法人及び公益財団法人の認定等に関する法律の施行に伴う関係法律の整備等に関する法律が施行された）。

新制度における従来の公益法人はどうなるか。

従来の公益法人は2008年12月1日から自動的に「特例民法法人」となった（定款・機関・登記変更等の手続は不要）。施行日から5年の期間内（2013年11月30日まで）に公益社団法人・公益財団法人への移行認定を受けるか、一般社団法人・一般財団法人への移行認可申請をすることができる（整備44条・45条）。

4）権利能力なき社団・財団

現実に法人と同様の目的・組織を有しながら法人設立の手続をとっていない社団・財団のことを権利能力なき社団・財団という。学会、同窓会、校友会、町内会は法人三法施行により法人化の道が開かれた。町内会は地縁による団体として法人化もできる（地自260条の2以下）。権利能力なき社団・財団の財産の帰属形態は総有である。

5）法人の権利能力・行為能力・不法行為能力

一般社団法人・一般財団法人は法人法の要件を満たせば設立の登記ができ、営利法人も準則主義により設立の登記と同時に権利能力を取得する。公益社団法人・公益財団法人は認定法により公益の認定を受ける必要がある。

法人の行為能力は自然人のように成長するということがないから、権利能力取得と同時に行為能力も取得する。

法人の不法行為能力は法人を動かす理事がその職務を行うにつき他人に損害を及ぼした場合、法人の不法行為として責任を負わなければならない。法人実在説の立場から認められる。

(3) 権利義務の客体＝物

　権利義務の客体（対象となるもの）は「物」である。物とは有体物をいう（民85条）。つまり排他的支配性、非人格性、管理可能性を有する独立した物と解されている（電気も物の概念に入れることができる。大判明36・5・21刑録9輯874頁）。物はまず不動産と動産に分けられる。不動産とは土地およびその定着物をいい、動産とは不動産以外のものおよび無記名債権（商品券、乗車券、映画鑑賞券など）をいう。その他民法では主物・従物（羽織とひも）、元物・果実（乳牛と牛乳、にわとりとたまご＝天然果実と地代、家賃・利息＝法定果実）について規定している。

(4) 法律行為

1) 意　　義

　法律行為とは意思表示を要素（中心）とする法律要件である。法律要件とは権利変動（発生・変更・消滅）など法律効果を生じさせる原因事実の総称をいう。つまり法律行為は法律効果（結果）の発生原因で重要な法律要件の一つである。たとえば物を買う行為（売買契約という法律行為）によって、所有権移転という法律効果が発生する。

　法律行為には、(a)単独行為（行為者の一方的意思表示で法律効果が発生する行為＝取消し・解除・同意・追認など）、(b)契約（相対立する二つ以上の意思表示の合致により成立する法律行為で一番重要である。132頁「1）契約」の項参照）、(c)合同行為（同じ方向を有する二つ以上の意思表示の合致＝法人設立行為など）がある。

2) 意思表示および意思と表示の不一致・瑕疵ある意思表示

　意思表示は法律効果の発生を望む意思を表明する行為であるから、(a)表意者の内心にある効果意思、(b)外部に表そうとする表示意思、(c)外部に表れた表示行為の三つが合致して初めて意思表示といえる。一致しない場合、意思と表示の不一致として次の三つがある。

① 心裡留保　表意者が真意でないことを知って逆のことを意思表明することで、その意思表示は有効である。ただし相手方が表意者の真意を知り、または知ることができたときは無効である（民93条）。
② 虚偽表示　相手方と通じた虚偽の意思表示は無効である（民94条1項）。しかし、この無効は善意の第三者に対抗できない（民94条2項）。
③ 錯誤　表意者が内心と表示の不一致を知らずに意思表示することで、法律行為の要素（重要な部分）に錯誤があったときは無効とする（民95条本文）。
④ 瑕疵ある意思表示　詐欺または強迫による意思表示は取消すことができる。ただし詐欺による意思表示の取消しは善意の第三者に対抗することができない（民96条1項・3項）。

(5) 時　　効

1) 意義・種類

時効とは一定の事実状態が一定期間継続した場合、その状態が真実か否かを問わず、その事実状態を尊重して権利関係を認める制度である。長期にわたる事実状態を尊重する社会秩序の安定と採証上の困難性、権利の上に眠る者は保護しないなどが制度の存在理由である。時効の種類には取得時効と消滅時効がある。

2) 取得時効

所有権の取得時効は20年間所有の意思をもって平穏公然に他人の物を占有継続した場合、その物の所有権を取得する（民162条1項）。10年間所有の意思をもって平穏公然に他人の物を占有した者は、その占有開始のときに善意であり、かつ過失がなかったときはその所有権を取得する（民162条2項）。所有権以外の財産権（地上権、地役権など）は自己のためにする意思で平穏公然に20年間、平穏公然善意無過失で10年間行使したとき、その権利を取得する（民163条）。

3) 消滅時効

権利者が権利を行使しうるのに一定期間権利を行使しない場合、権利消滅の効果が発生することである。債権は10年間、債権または所有権以外の財産権は20年間行使しないとき消滅する（民167条1項・2項）。買い物のつけは2年、飲み屋のつけは1年で時効になる。また、確定判決によって確定した権利の時効期間は10年である。消滅時効は権利を行使しうるときから進行する（民166条1項）。所有権は消滅時効にかからない（他人の取得時効により所有権を失った場合は、取得時効の反射的効果である）。

4) 時効の援用と中断

時効の援用とは時効によって利益を受ける者が、時効の利益を受けると意思表示することである。当事者が援用しなければ裁判所は裁判することができない（民145条）。援用権者は主債務者、保証人・連帯保証人、物上保証人、抵当不動産の第三取得者である。時効完成を知らずに、後で払うからとか延期証を差入れたときは、時効援用権の放棄とされる。時効の中断とは時効を完成させないようにする手続のことで、請求（裁判上の請求、支払督促、和解・調停の申立て、破産手続参加、再生手続参加、更生手続参加、催告＝6か月完成させない）、差押え、仮差押え、仮処分、承認がある（民147条）。時効中断の効果は、それまで経過した期間が進行しなかったことになる。

2 物 権

(1) 物権の意義・物権法定主義

物権とは物を直接排他的に支配することを内容とする財産権である。直接とは権利者自ら、他人の介在を必要としないという意味であり、排他的とは同一物に同一内容の権利が同時に二つ以上存在しえないという意味である。

物権法定主義とは、物権は排他的支配権であるから私人が勝手に創設する

ことを許さず、民法その他の法律に定めたものに限るという原則である（民175条）。

(2) 物権の優先的効力と物権的請求権

同一内容の物権は同時に二つ以上存在しえないので先に成立した物権が優先する。ただし抵当権は同一物に二つ以上設定できるが、順位を付して優劣を決める。不動産に関する物権変動の対抗要件は登記である（民177条）。同一物に物権と債権が競合して存在する場合は物権が優先する。

物権的請求権とは物権が侵害されたり、侵害されるおそれがあるとき侵害者に対し、侵害を除去し本来の状態に戻すべきことを請求する権利である。民法では占有権について規定し（民198条～200条）、占有権より強い本権には当然認められるとしている。たとえば所有権に基づく返還請求権・妨害排除請求権・妨害予防請求権である。

(3) 物権変動

物権変動とは物権の発生・変更・消滅をいう。物権の発生は借金の担保として質権や抵当権を設定した場合であり、物権の変更は売買・相続により所有者を変更した場合であり、物権の消滅は借金の返済により抵当権が消滅する場合である。物権変動の原因として一番多いのは法律行為（意思表示）であり、その他時効、相続、混同（民179条）、無主物先占（民239条）、遺失物拾得（民240条）、埋蔵物発見（民241条）、付合・混和・加工（民242条以下）などである。

(4) 各種物権の種類と意味

民法上の物権は図Ⅱ-4-1の通りである（傍線部分が本来の物権である）。

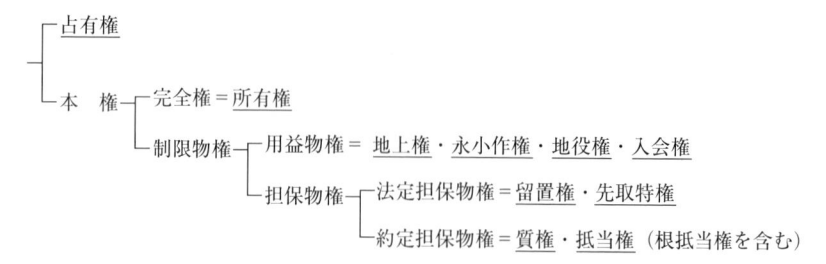

```
        ┌─ 占有権
        │
        └─ 本  権 ─┬─ 完全権＝所有権
                  └─ 制限物権 ─┬─ 用益物権＝地上権・永小作権・地役権・入会権
                              └─ 担保物権 ─┬─ 法定担保物権＝留置権・先取特権
                                          └─ 約定担保物権＝質権・抵当権（根抵当権を含む）
```

図Ⅱ-4-1　民法上の物権

① 占有権　自己のためにする意思をもって物を事実上支配すること（これを占有という）によって認められる権利である（民180条以下）。

② 所有権　法令上の制限内で物を自由に処置しうる権利である。その内容は物の使用・収益・処分である（民206条以下）。放置も含む。

③ 地上権　他人の土地に工作物または竹木を所有するためその土地を使用することのできる権利（他物権）である（民265条以下）。地上権設定契約により発生するが、自己所有の土地建物に抵当権を設定し、競売により土地建物が別異の所有に帰したとき、建物取得者は土地取得者に地上権を主張しうる。これを法定地上権という（民388条）。

④ 永小作権　小作料を払って他人の土地に耕作または牧畜をなすことのできる権利である（民270条以下）。特別法として農地法がある。

⑤ 地役権　当事者の契約で定めた目的に従い、他人の土地を自己の土地の便益に供するため利用できる権利である（民280条以下）。通行地役権、引水地役権、眺望地役権がある。

⑥ 入会権　ある地域の住民団体（一戸を代表する者の団体＝村落共同体）が、その団体の統制の下に、山林原野に入会って草・芝・茅・薪炭用雑木などを伐ったりして住民の生活に資することを内容とする慣習上の権利である。今日入会権の効用が薄れ、入会林野等に係る権利関係の近代化の助長に関する法律（1966〔昭和41〕年7月9日法律第126号）により林野の高度利用が図られている。

⑦　留置権　他人の物の占有者がその物に関して生じた債権の弁済を受けるまでその物を留置することのできる権利である（民295条）。たとえば、自動車の修理代金を受け取るまで、その自動車を修理業者の下にとどめておくことのできるというような権利である。

⑧　先取特権　民法その他の法律の規定に従って債務者の財産につき他の債権者に先立って自己の債権の弁済を受けることのできる権利である（民303条）。一般の先取特権（共益費用、雇用関係、葬式費用、日用品の供給。民306条）、動産の先取特権（民311条）、不動産の先取特権（民325条）がある。

⑨　質権　債権の担保として債務者または第三者から受け取った物を占有し、かつその物につき他の債権者に先立って自己の債権の弁済を受けることのできる権利である（民343条以下参照）。動産質、不動産質、権利質の3種がある。

⑩　抵当権　債務者または第三者から占有を移さないで債務の担保に供した不動産につき、他の債権者に先立って自己の弁済を受けることのできる権利である（民369条以下参照）。

(5) 民法以外の法律による物権

①商法上の物権として商事留置権（商31条・521条・557条・562条・753条）、商事質権（商515条）、船舶先取特権（商842条）、船舶抵当権（商846条）がある。②特別法上の物権として鉱業権（鉱業5条）、租鉱権（鉱業6条）、漁業権（漁業6条）、入漁権（漁業7条）、鉄道財団抵当権（鉄抵2条）、農業用動産抵当権（農信12条）、自動車抵当権（自抵4条）、航空機抵当権（航抵3条）、建設機械抵当権（建抵5条）など。本来動産であり質権の対象であるが、占有を移さなければならないので、所有者自ら使用しつつ債務の担保にすること。③公法上の物権として、国税の先取特権（税徴8条）、地方税の先取特権（地税14条）などがある。

3 債権

(1) 意義と発生原因・契約の種類

債権とは特定人（債権者）が特定人（債務者）に対し特定の行為（給付）を請求する権利をいう。行為の内容は作為・不作為である。債権の発生原因として最も多いのは契約であり、その他、事務管理、不当利得、不法行為により生ずる。

1) 契　　約

契約は相対立する二つ以上の意思表示の合致をいう。民法は次の13種類を規定している。

① 贈与　　当事者の一方が自己の財産を無償で相手方に与える意思を表示し、相手方が受諾をすることによって成立する契約である（民549条）。片務・無償・諾成契約である。書面によらない贈与はいつでも撤回することができる。

② 売買　　当事者の一方がある財産権を相手方に移転することを約し、相手方がこれにその代金を支払うことを約することによって成立する契約である（民555条）。双務・有償・諾成契約である。

③ 交換　　当事者が互いに金銭の所有権以外の財産権を移転することを約することによって成立する契約である（民586条1項）。双務・有償・諾成契約である。

④ 消費貸借　　当事者の一方が種類、品質および数量の同じ物をもって返還することを約して相手方から金銭その他の物を受け取ることによって成立する契約である（民587条）。片務・無償・要物契約である。

⑤ 使用貸借　　当事者の一方が無償で使用および収益をした後で返還することを約して相手方からある物を受け取ることによって成立する契約である（民593条）。片務・無償・要物契約である。

⑥賃貸借　当事者の一方が相手方にある物の使用収益をさせることを約し、相手方がこれに対し賃料を支払うことを約することによって成立する契約である（民601条）。双務・有償・諾成契約である。特別法として借地借家法の学習も重要である。

⑦　雇用　当事者の一方が相手方に対し労務に従事することを約し、相手方がこれに対しその報酬を与えることを約することによって成立する契約である（民623条）。双務・有償・諾成契約である。雇用に関しては特別法たる労働基準法により詳細に規定されている。

⑧　請負　当事者の一方がある仕事を完成することを約し、相手方がその仕事の結果に対してその報酬を支払うことを約することによって成立する契約である（民632条）。双務・有償・諾成契約である。

⑨　委任　当事者の一方が法律行為をすることを相手方に委託し、相手方がこれを承諾することにより成立する契約である（民643条）。有償委任は有償・双務・諾成契約であり、無償委任は無償・片務・諾成契約である。

⑩　寄託　当事者の一方が相手方のために保管をすることを約して、ある物を受け取ることによって成立する契約である（民657条）。有償寄託は有償・双務・要物契約であり、無償寄託は無償・片務・要物契約である。

⑪　組合　各当事者が出資をして共同の事業を営むことを約することにより成立する契約である（民667条）。双務・有償・諾成契約である。

⑫　終身定期金　当事者の一方が自己、相手方、または第三者の死亡に至るまで定期に金銭その他の物を相手方または第三者に給付することを約することにより成立する契約である（民689条）。片務・無償・諾成契約である。

⑬　和解　当事者が互いに譲歩してその間に存する争いをやめることを約することによって成立する契約である（民695条）。双務・有償・諾成契約である。

2）事務管理

事務管理とは義務なく他人のため事務を管理することをいう（民697条）。たとえば隣家の人の不在中に台風のため屋根が飛んだり、トタンがはがれた

とき大工を頼んで修繕してあげたような場合をいう。

3) 不 当 利 得

不当利得とは法律上の原因なく他人の財産または労務によって利益を受けることをいう（民703条以下）。

4) 不 法 行 為

不法行為とは故意または過失によって他人の権利または法律上保護される利益を侵害することをいう（民709条）。

(2) 債権の効力

債権は債務者が任意に債務を履行すれば目的を達する。しかし債務者は必ずしも任意に履行するとは限らない。履行されない場合自力救済は禁止されているので国家の力によって履行の実現が保障されなければならない。

1) 現実的履行の強制

① 直接強制　債務者の財産に対し直接強制する方法である。金銭債権や物の引渡債権の実現に効果を発揮する。執行の方法は民事執行法の規定による（民執43条以下）。

② 代替執行　債務の内容に代替性がある場合、第三者に代わって履行させ、費用は債務者から強制的に徴収する方法である（家屋の取り壊し債務など）。

③ 間接強制　債務者に一定の不利益を課すことにより、心理的圧迫を加えて債務内容を実現する方法である（民執172条）。人格尊重上慎重な運用が必要である。

2) 債務不履行の態様

① 履行遅滞　履行可能にもかかわらず履行期を徒過し、債務者の責に帰すべき事由があり、かつ履行しないことが違法である場合である。履行期の定めが確定期のときは期限の到来したときから、不確定期限のときは期限の到来を債務者が知ったとき、期限の定めのないときは履行の請求を受けた

ときから遅滞の責任を負わねばならない（民412条）。

② 履行不能　債務者の責めに帰すべき事由によって履行期に履行が不能になること（二重売買の場合、一方に履行すれば他方に履行できない）。

③ 不完全履行　債務者の責に帰すべき事由により履行期に不完全な履行がなされたことである。追完可能なときと追完不能なときがある。

3) 債務不履行の効果

前述履行の強制、損害賠償または契約解除権が発生する。損害賠償には本来の履行の他にする遅延賠償と本来の履行に代わる填補賠償がある。賠償の方法は特に意思表示がないときは金銭賠償による（民417条）。賠償の範囲は債務不履行と相当因果関係に立つすべての損害である。また特別の損害として債務者がその事情を予見しまたは予見することができたときも賠償が認められる（民416条2項）。

(3) 債権の消滅

債権は目的実現（達成）により消滅する。

① 弁済　債権の内容を実現する債務者の行為を弁済という。第三者も弁済することができるが債務の性質が許さなかったり（特定の画家が絵を描く債務）、当事者が反対の意思を表明したときはできない（民474条1項）。

② 代物弁済　債務者が債権者の承諾を得て本来の給付に代えて他の給付をすることによって債権を消滅させることをいう（民482条）。1000万円の借金返済に代えて相当の不動産を給付するような場合である。

③ 供託　債権者が弁済の受領を拒んだり、受領することができないとき、債務者（弁済者）が弁済の目的物を供託所に供託して債務を免れることをいう（民494条）。

④ 相殺　債権者と債務者が互いに同種の債務を負担している場合、双方の債務が弁済期にあるとき、対等額を消滅させることをいう（民505条）。相殺しようとする債権を相殺の自働債権という。債務が不法行為によって生

じたときの債務者は相殺の自働債権とすることはできない（民509条）。

⑤　更改　　当事者が債務の要素を変更する契約をしたときをいう（民513条）。債権者の交替、債務者の交替、旧債務を消滅させて新債務を発生させることなど。

⑥　免除　　債権者が債務者に対し債務を免除する意思表示をすることをいう（民519条）。

⑦　混同　　債権・債務が同一人に帰属することをいう（民520条）。父から借金している息子が父を相続したような場合である。

(4) 借金と担保

担保とは債権者が債務者に対して有する債権を確実に実現させるため債務の引当てとなるものをいう。特定の財産を引当てとする物的担保と債務者以外の者の経済的信用を引当てとする人的担保がある。

1) 物的担保

前述（物権の種類の項）の通り、法定担保として留置権・先取特権、約定担保として質権・抵当権（根抵当権を含む）がある。民法以外の担保として譲渡担保、仮登記担保、所有権留保がある。

2) 人的担保

連帯債務と保証債務がある。

連帯債務とは債権者と複数の債務者間で、各債務者がそれぞれ同一内容の債務を全部負担すべき義務を負い、債務者の1人が全部弁済すると他の債務者の債務も消滅する債務関係をいう（民432条）。

保証債務とは主たる債務者が債務の履行をしないときに、その履行をする責任を負う場合をいう。保証債務を負う者を保証人（普通保証・連帯保証・副保証・求償保証・共同保証）という。

保証債務は主債務の存在を前提として成立し、主債務が消滅すれば保証債務も消滅するという付従性がある。また主債務の移転に伴い保証債務も移転

するという随伴性があり、かつ主たる債務者が履行しない場合、普通保証人が履行する責任が生ずることという補充性がある（民446条）。債権者が普通保証人に債務の履行を請求した場合、まず主債務者に催告をなすべき旨を請求できる催告の抗弁権（民452条）がある。さらに主債務者に弁済の資力があって執行の容易なことを証明して、まず主債務者の財産に執行せよという検索の抗弁権（民453条）がある。連帯保証人にはこの二つの抗弁権は認められず、請求があれば応ずる義務が生ずる（民454条）。

4 親 族 法

(1) 親族の意義と家族法の史的素描

　親族とは六親等までの血族、配偶者、三親等までの姻族をいう（図Ⅱ-4-2参照）。親族法という呼称は古めかしく、家族法のほうが親しみやすい。私たちの家庭生活は夫婦とその子、時には祖父母を含めた小集団で成り立っており、自然の愛情・信頼・協力扶助・連帯性の強い共同体である。

　明治家族法（1898〔明治31〕年7月16日施行）は封建的家父長制に基づく「家」制度をとり、家を支配する者を戸主といい、強大な権限が付与されていた。また、男女不平等規定が随所に存在した（旧民813条・768条）。

　日本国憲法下における民法改正（1948〔昭和23〕年1月1日施行）、法の下の平等、個人の尊厳と両性の本質的平等の精神に立脚して改正施行された民法親族編相続編は明治家族法から180度の転換をした。

(2) 婚姻の要件と効果

1) 実質的要件

　①両当事者に婚姻意思の合致があること（民742条1項）。②婚姻適齢に達

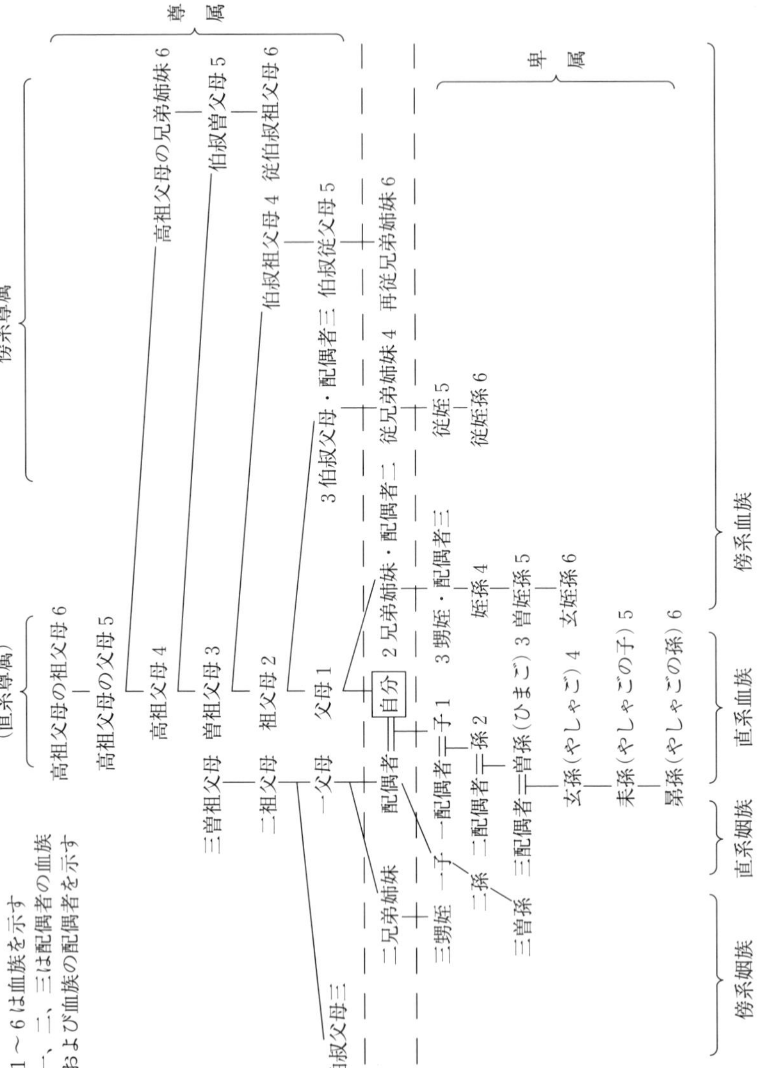

1〜6は血族を示す
一、二、三は配偶者の血族
および血族の配偶者を示す
尊属
卑属
傍系尊属
（直系尊属）
高祖父母の祖父母 6
高祖父母の父母 5
高祖父母 4
曾祖父母 3
祖父母 2
父母 1
自分
配偶者
子 1
孫 2
曾孫（ひまご）3
玄孫（やしゃご）4
来孫（やしゃごの子）5
昆孫（やしゃごの孫）6
三曾祖父母
二祖父母
一父母
伯叔父母三
二兄弟姉妹
一配偶者
一子
三甥姪
二配偶者
二孫
三配偶者
三曾孫
高祖父母の兄弟姉妹 6
伯叔曾父母 5
従伯叔祖父母 6
伯叔祖父母 4
伯叔従父母 5
3 伯叔父母・配偶者三
従兄弟姉妹 4
再従兄弟姉妹 6
2 兄弟姉妹・配偶者二
従姪 5
従姪孫 6
3 甥姪・配偶者三
姪孫 4
3 曾姪孫 5
玄姪孫 6
傍系姻族
直系姻族
直系血族
傍系血族

図Ⅱ-4-2　親族関係図

していること（民731条。男子18歳・女子16歳、民法改正要綱案では男女ともに18歳）。③未成年者が婚姻するには父母の同意を得なければならない（民737条1項）。④重婚でないこと（民732条）。⑤女子の再婚禁止期間を経過していること（民733条。改正要綱案では100日に短縮している）。⑥近親婚でないこと（民743条〜736条）。兄と妹、おじとめい、おばとおい、妻と亡夫の父、夫と亡妻の母などとは禁じられる。

2）形式的要件

戸籍法の定めるところにより、当事者双方および成年の証人2人以上から署名した書面または口頭で夫または妻の本籍地あるいは所在地の市町村長に届け出ることである（民739条2項）。

3）婚姻の効果

①夫婦同氏の原則。夫または妻の氏を称すること（民750条）。第三の氏を名のることはいけない。改正要綱案では夫婦同姓・夫婦別姓の選択制容認。②同居協力扶助の義務（民752条）、かつ③守操義務がある（民770条1項1号）。④姻族関係の発生、⑤未成年者が婚姻すれば私法上成年に達したものと扱われる（成年擬制。民753条、選挙権など公法上の権利は付与されない）、⑥婚姻費用の分担義務、⑦日常家事の連帯責任などがある。

4）内縁の保護・婚姻予約・準婚関係

内縁とは事実上夫婦として共同生活を営みつつも、婚姻届を欠く夫婦のことをいう（別姓を望む場合も届出をしない場合がある）。内縁の妻の保護に関し判例は正当の理由なく婚姻予約に違反した場合は有形無形の損害賠償する義務があると判示した（大判大4・1・26民録21輯49頁。ただし、本件では不法行為に基づく損害賠償請求であったため認められなかった）。しかし事実上夫婦であるのに婚姻予約というのもおかしいとの批判があって、内縁は法律上婚姻に準ずる関係と認むべきであり、不当に破棄した場合は債務不履行でも不法行為でも損害賠償請求できると判例変更し（最判昭33・4・11民集12巻5号789頁）、その保護を厚くした。他に同居協力扶助義務、婚姻費用分担義務、日常家事の連帯責任がある。届出に基づく効果は付与されない。内縁配偶者が事実婚と

して法律婚に準じて保護されている法規はたくさんある。

(3) 離　　婚

1) 離婚の種類

　個人の尊厳と両性の本質平等は夫婦関係にも影響を与え、特に妻の経済的自立により離婚数が増加した。

　離婚には協議離婚、調停離婚、審判離婚、裁判離婚の4種がある。

　協議離婚は離婚意思の合致があり、離婚届が受理されると成立する。創設的届出である。

　調停離婚は家事調停で当事者双方が合意に達し調停調書に記載することにより成立し、確定判決と同一の効力を有する（家事268条。届出は後になるので報告的届出という）。参考のため調停条項の一事例を記す。

　　調停条項（関係部分）
　　1　申立人と相手方は本日調停離婚する。
　　2　双方間の長男一郎（平成15年5月15日生）の親権者を母である申立人と定め、同人のもとで監護養育する。
　　3　相手方は申立人に対し、長男一郎の養育費として金5万円を平成25年9月から同人が18歳に達する月の翌年3月まで毎月末日限り秋都銀行桜支店申立人名義の普通預金口座（番号8894649〈ハヤクヨロシク〉）に振り込んで支払う。
　　4　相手方は申立人に対し、本件離婚に伴う解決金として金100万円の支払義務あることを認め、これを平成25年9月から平成27年4月まで金5万円を毎月末日限り前項と同様の方法で支払う。
　　5　相手方が前項の支払いを2回怠り、その額が金10万円に達したときは期限の利益を失い残額一時に支払う。
　　6　当事者双方は以上をもって解決したものとし、本条項に定めるもの以外財産上の請求をしない。
　　7　調停費用は各自の負担とする。
　　注　1．子との面会交流を定めることも多くなった。
　　　　2．期限の利益喪失約款を付することが大事である。

審判離婚は家庭裁判所が、調停が成立しない場合でも相当と認めるとき当該調停委員の意見を聞き、当事者の衡平を考慮し、一切の事情をみて職権で離婚を審判することがある（家事284条）。

　裁判離婚は訴訟による婚姻解消で、離婚原因として、不貞行為、悪意の遺棄、配偶者の生死3年以上明らかでないとき、配偶者が強度の精神病にかかり回復の見込みがないとき、その他婚姻を継続しがたい重大事由があるときである（民770条）。人事訴訟は家庭裁判所の管轄である。

2）有責配偶者からの離婚請求

　婚姻破綻を招いた者が「もっぱらまたは主たる責任」を負う離婚請求はできないというのが通説判例であった。ふんだりけったり判決（最判昭27・2・19民集6巻2号110頁）は有名である。しかし夫の不貞、他女との同棲が妻にも一因がある場合、夫にのみ責任を負わせることは酷であり、婚姻破綻している場合は離婚を認めることも必要となろう。下級審判決の積み重ねから最高裁は、同居期間、別居期間、相手方の精神的・社会的・経済的状態、子の有無、別居後の生活関係などを斟酌して有責配偶者からの離婚請求に道を開いた（上告を認め原判決破棄差戻。最大判昭62・9・2判時1243号3頁）。

3）離婚の効果

　夫婦間の権利義務は将来に向かって消滅する。婚姻により氏を改めた者は復氏する。ただし3か月以内に届けることにより婚氏を称することができる。姻族関係は終了する。未成年の子には単独親権となる。財産分与の請求ができる。

(4) 親　　子

　親子には実親子（自然的血族関係）と養親子（法律上の親子関係）がある。実親子は嫡出子（婚姻中懐胎出生子）と嫡出でない子＝非嫡出子（婚姻外男女関係、未届婚からの出生子）に分けられる。非嫡出子は認知された子と認知されない子がある。認知は任意認知と強制認知がある。胎児認知もできる（母の同意

必要)。

(5) 養　　子

養子制度は家のためから親のため、さらに子自身のための制度へと進展した。特に特別養子制度の導入により、いっそう明確になった。

1) 普通養子

成年者は縁組意思の合致で、養子をすることができる (民792条)。尊属や年長者の養子は禁止されている。未成年者養子には家裁の許可が必要となり、後見人が被後見人を養子にする場合も同様の許可が必要。

2) 特別養子

子のない夫婦に子を授け、しかも子の実父母およびその血族との親族関係を終了させ、養親側とのみ法定血族関係を発生させる制度である。特別養子の要件は民法817条の2以下参照。家庭裁判所の審判で成立させるが、戸籍の記載も「養子」「養親」の文言を用いず、「民法817条の2による裁判確定……」と表示し、かつ長男・二男と表示し、一見して特別養子であることをわからないようにしている。

(6) 親　　権

親権は子に対する親の権利義務の総称である。親権に服する子は成年に達しない子であるが、未成年者が婚姻 (届) すれば成年擬制が働くので未婚の未成年者が親権に服する。未婚の未成年者が子を生んだときは未婚未成年者の親権者 (祖父母) がなる (民833条)。

親権の内容には監護教育の権利・義務、居所指定権、懲戒権、職業許可権、財産管理権と代理権がある。

(7) 扶　　養

　人の生活過程には年齢的・肉体的・経済的・精神的に他人の助力を必要とするときがくる。高齢社会の進展により老親扶養の問題が深刻である。親族間の互助義務として「直系血族及び同居の親族は、互いに扶け合わなければならない」（民730条）、「夫婦は同居し、互いに協力し扶助しなければならない」（民752条）、さらに「直系血族及び兄弟姉妹は互いに扶養をする義務がある」（民877条1項）と定められている。家庭生活は夫婦と未成熟子（核家族）中心なので生活保持義務があるのに対し、核家族を離れた困窮者に対しては余力があったら扶助するという生活扶助義務があるといわれるが簡単にいかない。扶養の順序・程度・方法はまず当事者の協議で、協議が調わない場合は家庭裁判所が一切の事情を考慮して定めることになっている（民879条）。これは家事審判事項である。

5　相　続　法

(1) 相続の意義・概要

　相続とは人の死亡により、その人に属した財産を一定の親族関係にある者へ承継させることである。

　日本国憲法の施行（1947〔昭和22〕年5月3日）に伴い、法の下の平等に反する家督相続が廃止され、民法の応急措置法が施行され、遺産相続が残り、改正民法（1948年1月1日施行）に引き継がれた。さらに相続分の改正が行われ1981（昭和56）年1月1日施行された。

　相続の開始原因は自然的死亡、失踪宣告、認定死亡（擬制的死亡）である。自然的死亡時期は心臓の停止であるが、臓器移植法により脳波の停止時もある。医師の死亡時期（刻）証明に従うことになる。

1981年1月1日から配偶者相続分の引上げが行われ、寄与分制度が新設され、相続人のうち被相続人の財産の維持増加に貢献し療養看護に努めた人の寄与分を認め、実質的衡平の実現を図った。

　具体的相続の仕方は、まず被相続人の遺言があればそれにより、なければ法定相続分によるが、共同相続人間の分割協議で定めることもできる。

(2) 相続人・相続順位・相続分

　第1順位は被相続人の子と配偶者で各2分の1。子が数人いれば各平等。非嫡出子は嫡出子の2分の1。最高裁は法律婚の立場から差のあることは違憲でないとした（最大判平7・7・5裁時1150号1頁）。子が被相続人死亡以前に死亡しているときは、その子が代襲相続人となる。胎児はすでに生まれたものとみなされる。普通養子は実親、養親双方に対し相続権がある。子や代襲相続人がいないときは、第2順位として直系尊属（3分の1）と配偶者（3分の2）である。直系卑属も直系尊属もいないときは第3順位として兄弟姉妹（4分の1）と配偶者（4分の3）である。兄弟姉妹が数人いるときは各自平等。父母の一方を同じくする兄弟姉妹（半血兄弟）は父母の双方を同じくする兄弟姉妹（全血兄弟）の2分の1。兄弟姉妹が被相続人死亡以前に死亡しているときは代襲相続が認められ、1981年1月1日改正法で、おい・めいに限られることになった。子・孫・父母・祖父母・兄弟姉妹・おい・めいもいない場合は配偶者が全部相続する。相続人が誰もいないときは特別に縁故のある者の申請により、その者に全部または一部分与される。縁故者もいなければ国庫に帰属する（民958条の3・959条）。

　寄与分を定める具体的手続は、共同相続人間の協議（民904条の2第1項）で、協議できないか、調わないときは寄与者の請求により、寄与の時期・方法・程度、相続財産の額その他一切の事情を考慮して家庭裁判所が定めることになっている（民904条の2）。これは家事審判事項である。

(3) 相続財産

① 財産的権利　物権（入会権は除く）、債権（賃借権、損害賠償請求権、慰謝料請求権）、形成権、知的所有権、電話加入権、行使された財産分与請求権である。

② 財産的義務　保証債務、損害賠償債務、不当利得による返還義務、財産分与義務である。

③ その他の権利　生命保険金は受取人指定であれば受取人固有の権利である。掛金は生前贈与（特別受益）として持戻しの対象となりうる。退職金は受給権者が決まっていればその者の固有の権利である。遺族年金も受給権者の範囲・順序が法定されている（厚生年保63条、国公共済2条・88条）。香典・慰霊金は喪主に対する贈与である。

④ 祭祀財産　系譜・祭具（位牌・仏壇）、墳墓（墓地・墓石）は分割相続になじまないので、その承継は被相続人の指定により、指定がないときは慣習により、慣習もないときは家庭裁判所が定める。これは家事審判事項である。

(4) 相続の承認（単純承認・限定承認）と放棄

　被相続人の死亡により被相続人の一切の権利義務は相続人に帰属する。積極財産・消極財産すべてを相続することを単純承認という。借金が多く積極財産で弁償できる範囲で借金を相続しようとするのを限定承認といい、相続人全員で家裁へ申述しなければいけない。全然欲しない場合放棄できる。承認放棄の期間は相続人が自己のため相続の開始があったことを知ってから3か月以内である（民915条1項）。伸長することもできる。

　相続が開始しても相続人不存在か不明の場合たとえば天涯孤独者、相続人が相続欠格や廃除事由に該当し、その代襲者もいない（次順位の相続人もいない）場合、相続人が第3順位まで全員放棄した場合、相続財産は法人となる（民951条）。相続人が生死不明、行方不明の場合は不在者の財産管理人を選

任するか、失踪宣告制度が活用される。相続人が高齢で認知症のときは後見審判し後見人を選任するか、特別代理人を選任し遺産分割手続を進めることになる。

(5) 遺　　言

　遺言は遺言者の生前における最終意思の表明である。遺言者の死亡により効力が発生するので、生前の意思が明確に判断できなければならないから厳格な要件が必要である。

　枕もと遺言や生前口ぐせのように語っていたことは遺言といえない。遺言は満15歳以上で意思能力があればできる（民961条）。

　遺言の方式には普通方式と特別方式がある。前者には自筆証書遺言、公正証書遺言、秘密証書遺言がある。後者には死亡危急時遺言、伝染病隔離者遺言、在船者遺言、船舶遭難者遺言がある。以下多く活用される普通方式遺言について述べる。

1) 自筆証書遺言

　最も簡便で活用される率も高い。全文・日付・氏名を自書し、押印すること。自書であるからワープロ、タイプ、テープはいけない。日付も特定される日でなければならない。○○年○月吉日はだめ。

　次に自筆証書の遺言例を示す。

```
　　　遺　言　書
　私有賀当三は次のとおり遺言する。
1、私所有名義の不動産全部を妻妙子に相続させる。
2、秋都銀行桜支店の定期預金（番号12345）1000万円を長男一郎に相続させる。
3、遺言執行者として次の者を指定する。
　東京都千代田区1－2－3－4　福野加美代
　平成23年9月1日
　　　　　　　　　　　　　遺言者　有　賀　当　三　㊞
```

Ⅱ　法の体系

注1．遺言執行者を忘れずに指定すること。
　2．印は認印、拇印でもよい。
　3．自筆証書を所持している人は家庭裁判所へ届け出て、検認を受けなければならない。
　4．遺言書例は活字だが、自筆証書であるから、本来自筆である。

2）公正証書遺言

遺言者が公証人に遺言内容を口授して、公証人が公正証書を作成する方法である。証人2人以上の立会が必要である（民969条）。口がきけない者が公正証書によって遺言する場合通訳人の通訳によっても可能である（民969条の2）。公正証書遺言は法律の専門家が作成するので家庭裁判所への検認手続は不要である。

3）秘密証書遺言

遺言の内容を秘密にしながら、遺言の存在は公証人によって公証される遺言のことである（民970条）。

遺言は2人以上の者が同一の証書ですることはできない（民975条）。

(6) 遺留分および遺留分減殺請求権

遺留分とは相続財産に対し法律上一定割合保障された取得分である。兄弟姉妹にはない。被相続人がその財産を自由に処分したり遺贈した場合、相続による取得を期待した相続人との調整を図ろうとする制度である。

遺留分権利者および遺留分額は、直系尊属のみ相続人の場合は被相続人の財産の3分の1、それ以外の場合（配偶者、子・胎児・代襲相続人）は被相続人の財産の2分の1である（民1028条）。具体例を示すと、被相続人には妻と子3人（長男・二男・三男）がいて、全財産を金額に評価して9000万円を長男に相続させるとの遺言があった場合、遺留分9000万円×1/2×1/2＝2250万円は妻。9000万円×1/2×1/2×1/3＝750万は子どもの遺留分である。遺留分を必要とする二男三男は相続の開始および減殺すべき贈与または遺贈があったことを知ってから1年内に遺留分減殺請求権を行使でき

(民1042条)。妻は長男のやっかいになるからと遺留分減殺請求権を行使しない場合もある。

6 調停制度

　民事や家事の紛争を裁判所の公開法廷で行うよりも、調停委員を交えた互譲精神・円滑な話し合い解決を図るほうがよい場合がある。特に夫婦・親子・兄弟・姉妹などの親族間紛争調整は非公開の場での解決が望ましい。

(1) 民事調停

　当事者の互譲により条理にかない実情に即した解決を図ることを目的とする。裁判官である調停主任と調停委員2人以上で調停委員会を構成。当事者間で合意が成立し、調書に記載したときは調停が成立したものとして、裁判上の和解と同一の効力を有する（民調16条）。民事調停の種類には民事一般調停、宅地建物調停、農事調停、商事調停、鉱害調停、交通調停、公害等調停がある。他に、特定債務等の調整の促進のための特定調停に関する法律施行（2000〔平成12〕年2月17日）により、サラ金被害から救済されている者が多くなった。サラ金業者のいいなりに高利を払っている場合、利息制限法の通常金利に引き直して計算するので、利息が過払となり、不当利得返還請求事件が多くなっている。多重債務者は大いに活用すべきである。

(2) 家事調停（家庭紛争の処理方法）

　① 調停前置主義　　家事調停の対象は人事に関する訴訟事件や一般家庭に関する事件（家事257条）である。調停を行うことができる事件について、訴えを提起しようとする者は、まず調停の申立てをしなければならない。こ

れを調停前置主義という (家事 257 条)。調停で合意が成立し、調停調書に記載すると確定判決と同一の効力を有する (家事 268 条 1 項)。調停不成立のときは、そのままの状態を継続するか、訴えを提起するか、取下げるかであるが、家庭裁判所の後見的役割から家事審判へ移行する事項がある。夫婦の同居協力扶助、婚姻費用の分担、子の監護処分 (養育費・面会交流も含む)、財産分与、祭祀財産の承継、親権者の指定変更、扶養、寄与分、遺産分割等 (家事別表第二) で、これらの事件は是非家裁活用を勧めたい。慰謝料請求、親族間紛争は審判移行しない。

② 合意に相当する審判　家事事件手続法 277 条以下に規定する事件をまず調停で進めることである。つまり調停手続で当事者間に合意が成立しても、家庭裁判所が必要事項を調査した上でその調停委員会の意見を聞き相当と認めるときは合意に相当する審判をすることとなる。たとえば婚姻・養子縁組の無効・取消、協議離婚もしくは協議離婚の無効・取消、認知、認知の無効・取消、嫡出否認または身分関係の存否の確定に関する事件である。この審判に対して異議申立があれば審判の効力を失うが (家事 284 条 4 項)、異議申立がなかったり、異議申立があっても却下されると、その審判は確定判決と同一の効力を有する (家事 281 条)。

③ 調停に代わる審判　家庭裁判所は調停委員会の調停が成立しない場合でも相当と認めるときは当該調停委員会の意見を聞き、当事者双方のため衡平に考慮し、一切の事情をみて、職権で当事者双方の申立ての趣旨に反しない限度で事件の解決のため離婚、離縁、その他必要な審判をすることができる。これを調停に代わる審判という。異議申立がなければ確定判決と同一の効力を有する (家事 284 条～287 条)。

(3) 相続税・贈与税

1. 相続人が配偶者と子ども 3 人の場合、基礎控除 5000 万円 + 相続人 4 人 × 1000 万円 = 9000 万円まで無税。超えた分に課税。

相続税法改正は 2015（平成 27）年 1 月 1 日から基礎控除 3000 万 + 相続人 1 人 600 万に下げられる。

2. 配偶者については 1 億 6000 万円までか、配偶者法定相続分かどちらか多いほうまで相続した場合無税。

3. 相続時精算課税について　65 歳以上の親から 20 歳以上の子（推定相続人）が生前贈与を受けた場合、贈与税の申告書と相続時精算課税選択届出書を申告期限までに所轄税務署長宛に提出する。贈与財産の価額から特別控除 2500 万円を超えた部分に一律 20％の税率がかかるが、相続時にすでに支払った贈与税相当額を相続税額から控除し、控除しきれない金額（多く支払った税金）は還付される仕組みである。

Ⅱ-5 商　　法

1　商法総則・商行為法

(1) 商法の意義

1) 形式的意義における商法

　商法の意義には形式的意義の商法と実質的意義の商法とがあり、形式的意義における商法とは、商法であることを示す名称を付された商法典のことである。単に、立法の方法ないし体裁によるものである。

　かつて、商法典は5編に分かれていて、第1編が「総則」、第2編が「会社」、第3編が「商行為」、第4編が「手形」、第5編が「海商」であったが、手形・小切手に関するジュネーブ統一条約が批准・公布されて、1933（昭和8）年にこれを国内法化した手形法および小切手法が制定されるに伴い、「手形」編が削除されて、「海商」編が第4編となった。そして、2005（平成17）年には、会社法典が成立して「会社」編が削除され、商法は現在、第1編「総則」、第2編「商行為」、第3編「海商」の3編構成となっている。

2) 実質的意義における商法

　実質的意義における商法とは、立法の方法ないし体裁によるのではなく、商法を統一的な理念をもって総合的に体系化されうるものが何であるかを問題にするものである。

　実質的意義の商法を企業に関する法ないし企業に特有な法と解する企業法論によれば、実質的意義の商法は、企業に特有の、特殊な法領域を形成し、他の法域との限界を定めるものであり、商法（典）が中心であることはいう

までもない。そして、この商法典の規定を施行し、または具体化するための付属法令として、商法施行法や商業登記法等がある。

次に、会社法が企業に関する法に属することも当然といえる。会社法は、会社企業を定めるものであり、合名会社、合資会社、合同会社を持分会社として規制するとともに、株式会社を規制し、それらの会社の設立、運営、決算、清算のほか、組織変更や組織再編などを定めている。

さらに、手形法、小切手法がある。この手形法や小切手法については、有価証券法として独自の法体系とすべきであるとの見解もあるが、手形・小切手は実務上企業取引の決済手段であり、手形・小切手の取引の安全や技術的性格などは商法と共通する性格であり、これらも企業に関する法に属すると解する。

(2) 商法の理念・特色

1) 商法の理念

商法の基本観念は、企業を中心とする経済生活の調和的発展を図り、これによって国民経済に寄与せんとするものである。

具体的には、企業の維持強化の理念のほか、企業取引の安全・迅速化の理念と、企業等の経済主体間の利害調整の理念がある。

2) 商法の特色

商法の対象とする企業は、本質的に営利を目的とし、多くの利益を得るために大量の取引を反復継続して行い、そのために取引内容を定型化し、しかも商機を逸しないように迅速に行うのが一般的といえる。

このようなことから、商法には、企業活動面では、①営利性、②簡易迅速性、③個性の喪失と定型化、④公示主義、⑤外観主義などの特色がみられ、企業組織の面では、⑥企業の維持強化の特色がみられる。

(3) 商人（企業の主体）

商法の適用範囲については、商法典で「商人の営業、商行為その他商事については……この法律の定めるところによる」と規定されている（商1条1項）。したがって、商法の適用基準として、二つの基準を定めている。商人の概念と商行為の概念がそれである。

1) 商人の概念

商法4条は、商人概念を規定し、いわゆる固有の商人（同条1項）と擬制商人（同条2項）とを定めている。前者の固有の商人は、自己の名をもって商行為をすることを業とする者であり、後者の擬制商人は、商行為をすることを業とせざるも商人とみなされる者で、店舗物品販売業者と鉱業者である。

2) 固有の商人

商法4条1項によれば、商人とは、自己の名をもって商行為をすることを業とする者をいう。「商行為」には、絶対的商行為（商501条）、営業的商行為（商502条）および附属的商行為（商503条）があるが、附属的商行為は商人が営業のためにする行為であり、すでに商人概念を前提としている。それゆえ、商法4条1項にいう「商行為」とは絶対的商行為と営業的商行為ということになる。この二つの商行為が商人概念の基礎となる。したがって、これらを基本的商行為ともいう。この基本的商行為を自己の名をもって業として行えば、商人となるが（商4条1項）、商行為をすることを業としているので、これを「固有の商人」（本来の意味の商人）という。

会社がその事業として行う行為は商行為であるから（会5条）、会社はすべて「固有の商人」である。

3) 擬 制 商 人

擬制商人（商4条2項）とは商行為をすることを業とする者ではないが、商人とみなされる者である。この擬制商人としては、店舗物品販売業者と鉱業者が挙げられているが、これらの擬制商人が、商行為を業としないにもかかわらず、商人とみなされるのは、その企業的設備により、客観的・外形的に

商人的であることによる。

ところで、擬制商人として、鉱業と同じ原始産業である農業、林業および漁業については商人擬制の規定はない。また、医師・弁護士・画家・音楽家等のいわゆる自由業についても規定はない。それゆえに、これらの原始産業や自由業をいかに大規模に営んでも、商人とはならない。

もっとも、会社を設立して原始産業や自由業を行えば、会社の事業として行う行為は商行為とされるので（会5条）、前述のように、すべて「固有の商人」となる。

(4) 商行為（企業取引）

1) 商法第2編の概要

商法第2編に規定されている商行為法（商501条～628条）の内容は、総則と各種の商行為とに区別されている。

総則（第1章）は民法に対する特則規定と有価証券に関する一般的規定とを規制内容としている。

各種の商行為については理論上、各種の企業に共通な制度に関する規定と、個々の特定企業に限って適用される制度との二つの側面からの規制を内容としている。前者の各種の企業に共通な制度に関する規定が、売買、交互計算および匿名組合であり、後者の特定企業に限って適用される制度に関する規定が、仲立営業、問屋営業、運送取扱営業、運送営業、倉庫（寄託）営業である。

なお、旧法は保険業についても種々の規制を行っていたが、2008（平成20）年に保険法が制定され、保険業に関する種々の商法の規定は削除されている。

2) 商行為の種類

「商行為」には、①絶対的商行為（商501条）、②営業的商行為（商502条）および③附属的商行為（商503条）がある。

①の絶対的商行為は、行為の客観的性質より、強度の営利性があるものとして、それが営業としてなされるか否かにかかわらず、またその行為の主体が商人であるか否かにかかわらず、商行為とされる。

②の営業的商行為は、営業としてなされるときに、つまり営利の目的をもって、かつ少なくとも反覆継続してなす意思の下になされて初めて、その行為の営利性が顕在化し、商行為となる。すなわち、これらの行為を反復継続するには、必然的にある程度の営業の規模、設備および組織の具備を要し、いわゆる企業性を有するものと認められるからである。

③の附属的商行為は、商人がその営業のためにする行為で、これに商行為性を認め、商法を適用する。この附属的商行為は、商人概念を前提とし、商人の活動を補助する補助的商行為である。

前述のように、①の絶対的商行為と②の営業的商行為は、商人概念の基礎となるから基本的商行為と称されている。

また、②の営業的商行為および③の附属的商行為は常に商行為とはならないので、相対的商行為ともいわれる。

なお、擬制商人とされる店舗物品販売業者および鉱業者が営業として（営業目的として）行う行為には商法を適用する必要性があり、解釈上、旧法と同様に、これを準商行為として、これに商法が適用されると解すべきである。

3）商行為法通則

商法第2編第1章の商行為編「総則」は、商行為そのものを規定する（商501条〜503条）とともに、商行為一般についての通則を規定している（商504条〜522条）。

商行為一般についての通則は、民法に対する特別規定といえる。商行為は、前述のように、営利性、迅速性、集団性および非個人性という特性をもち、かかる特性を有する商行為を規律するものが商行為法通則であり、それは、民法の規定を明確にし、修正し、あるいは補充している。つまり、商行為法通則は、商行為のもつ特性を反映する特則ということができる。

商事委任、商行為たる契約の成立、多数商事債務者・商事保証人の連帯、

商人の報酬・利息請求権、商事法定利率、商事質の流質契約、商事債務の履行、有価証券、商人間の留置権および商事時効についての特則が、その内容である。

2 会 社 法

(1) 会社法の意義

1) 会社法の成立

2005（平成17）年6月に会社法典が成立している。この新会社法は、カタカナ・文語体の旧商法第2編（会社編）と商法特例法および有限会社法等を、ひらがな交じりの現代語化して統一したものである。したがって、この法律の成立によって有限会社法および商法特例法は廃止され、旧商法第2編（会社編）が商法典から削除されている。

会社法上の会社は、従来の合名会社・合資会社および株式会社と、新たに創設された合同会社であるが、株式会社が旧有限会社を呑み込むかたちになっている。したがって、株式会社には、従来型の株式会社と有限会社型の株式会社が併存している。なお、従来の既存の有限会社は、株式会社とみなされて存続している（特例有限会社）。

2) 会社法の目的

会社法は、会社の設立、組織、運営および管理について定めるものであり、これらについては、他の法律に特別の定めがある場合を除き、会社法の定めによる（会1条）。

この会社法の目的は会社への出資者や会社との取引先などの利害関係者間の利害の調整を図ることにある。

(2) 会社の種類

1) 株式会社と持分会社

　現行法上も、会社は、合名会社、合資会社、合同会社および株式会社の4種類であるが（会2条1号）、会社法の規定によれば、株式会社と持分会社に大別され、合名会社、合資会社、合同会社は持分会社に属する。それは、株式会社の出資者（株主）の権利が株式と称されるのに対し、持分会社の出資者（社員）の権利は持分と称されることによる。

　持分会社では、いずれの会社も、所有と経営が分離せず、出資者である社員の責任が有限か無限かを問わず、各社員が会社の業務執行（会社経営）をし、会社を代表するのが原則である。また、持分会社の内部関係あるいは構成員（社員）間の関係では、自由な合意に基づく民法上の組合契約的な規制がなされている。

　これに対し、株式会社では、所有と経営は分離し、株主自らが会社経営を行うのではなく、選任された取締役または執行役が行い、株主は、出資額を限度とする有限責任を負うだけで、会社との社員関係のみで結びつき、株主間に契約関係はない。

2) 合 名 会 社

　合名会社は、会社債務につき会社債権者に対して直接連帯の無限責任を負う社員のみからなる会社である（会576条2項）。社員は、法人でもよく、原則として会社の業務執行権（経営権）・会社代表権を有する。

　この合名会社は、社員の個性（資力・能力）が重視され、人的信頼関係のある家族的企業や合弁企業などに向いている。

3) 合 資 会 社

　合資会社は、合名会社の社員と同様の無限責任社員と、会社債権者に対して直接に出資額を限度とする有限責任を負う有限責任社員の2種類の社員からなる会社である（会576条3項）。社員は有限責任社員であるか無限責任社員であるかに関係なく、原則として会社の業務執行権・会社代表権を有する。

この合資会社は、合名会社に有限責任社員が加わった会社ゆえ、同族的企業などに向いている。
4) 合同会社
　合同会社は、出資額を限度とする有限責任社員のみからなる会社であるが、株式会社とは異なり、原則として、各社員が会社の業務執行をし、会社を代表する。
　この合同会社の内部関係は、民法上の組合契約のような自由な規律に服するが、外部関係では、社員の有限責任が確保されている点で、近年盛んなベンチャー企業やジョイント・ベンチャー（共同企業体）などに向いている。
5) 株式会社
　株式会社は、株式の引受価額を限度とする間接責任（会社に対してのみ責任を負い、会社債権者には直接に責任を負わないということ）で、かつ有限責任を負うに過ぎない株主（社員）のみからなる会社である（会104条）。株主は、会社の業務執行権や会社代表権を有せず、しかもその株主の地位（株式）は、細分化され、株式の譲渡は原則として自由とされ、何人も容易に会社に参加できるのが原則である。
　株式会社では、会社の業務執行や会社代表は、選任された有能な手腕のある取締役や執行役に委ねられ、会社債権者の保護の点では会社財産の維持・充実が要請されている。株式会社は、会社法が有限会社法を取り込んだことから、従来の有限会社的な会社から大資本を要する大企業まで、多様な企業に向いている。

(3) 株式会社の特色

　株式会社は、社員の地位が株式という細分化された割合的単位の形式を採り、その株式を有する株主は会社に対してのみ責任を負い、その責任は株式の引受価額を限度とする責任で、会社債権者に対しては何らの責任を負わない会社である。それゆえ、「株式制度」と「株主有限責任制度」とは、株式

会社の最も基本的な特質といえる。

　そしてまた、株主有限責任の結果、会社債権者の担保となるのは会社財産だけとなるため、株式会社の債権者を保護するために会社財産を確保する必要が出てくる。そこで、法は、「資本金制度」を設け、資本金額に見合う会社財産の確保・維持を要求している。

(4) 株主の権利・義務と株式の譲渡

1) 株主の権利

　株主の権利（株主権）は、会社の経営に参加することを目的とする権利と、会社から経済的利益を得ることを目的とする権利とに分類できる。前者を共益権といい、議決権や責任追及等の訴え提起権がその典型である。後者を自益権といい、剰余金配当請求権や残余財産分配請求権がその典型である。

　なお、自益権は、株主が単独で完全に有しうる単独株主権であるのに対し、共益権は、単独株主権のほか、その権利が強力で、その行使の効果が会社全体に及び、濫用の危険が大きいので、6か月以上の株式保有要件が付加されたり、一定の議決権数を有する株主のみに認められる少数株主権とされたりする。また、共益権の行使の効果は全株主に及ぶことから社団的制約を受けることになるが、しかし、根本的には、株主自身の利益を確保するための権利であることは自益権と異ならない。

2) 株主の義務

　株主の義務は、株式の引受価額の支払義務のみである（会104条）。すなわち株主は、その引受けた株式の引受価額の支払をすると、それ以上、会社の債務について責任を問われることはない（株主の有限責任）。なお、ドイツの判例が株主の誠実義務を認めたことから、わが国でも、これを肯定する見解がみられる。

3) 株式の譲渡方法

　株式の譲渡（売買、贈与など）は、株券発行会社では、株券を相手方に交付

して行われる（会128条1項）。口約束だけで、株券の交付がないと、株式譲渡の効力は生じない。また、譲受人は、株券を会社に呈示して、株主名簿の名義書換をしないと、会社に対して、株主であることを主張できない。

これに対し、会社法が原則とする株券不発行会社では、株式の譲渡は当事者の合意のみで行われる。しかし、株券がないので、譲渡当事者が共同で株主名簿の名義書換を要する。この名義書換によって、自分が株主であることを、会社その他の第三者に対して主張できるようになる。

4) 株式振替制度

株式振替制度は、上場会社などで利用されている。この場合、株式の譲渡は、振替機関などに振替口座を設け、譲渡人が振替の申請をして、譲受人の振替株式数の増加の記載（記録）をしないと、その効力は生じない。振替機関などから会社に通知があると、会社は、株主名簿の名義書換を行うことになる。

5) 株式譲渡の自由とその制限

株主は一度出資すると、会社から出資金を払い戻してもらえない。もしこれを認めると、株式の払戻しにより会社の資産が減り、債権者が害されるとともに、会社は安定した経営を行えない。そこで株主にとって、株式の譲渡が基本的に出資金を回収する唯一の手段となる。

ところで、多くの中小企業の場合は、株主がその株式を自由に譲渡することを望まないのが通常である。なぜなら、会社にとって好ましくない人が株主になって会社（株主総会）に参加してきて、会社の経営方針その他の変更を主張する可能性があるので、それを阻止するためである。

そこで会社法は、株式の自由な譲渡を欲しない会社は、定款の定めで、これを制限できるものとしている。①全株譲渡制限（すべての株式の譲渡に会社の承認が必要）の定めを設けることのほか、②一部の特定の種類の株式のみに譲渡制限を設けることもできる。この場合、譲渡の承認があれば株主となれるが、その承認請求は、譲渡人からも株式取得者からもできる。承認の決定は、定款に定めがない限り、取締役会設置会社では取締役会、その他の会社

では株主総会が行い、承認しないときは、会社または指定買受人への買い取り請求もできる（会136条以下）。

(5) 会社の機関

1) 会社の機関とは

　株式会社の機関は、株主総会、取締役（会）、代表取締役、そして監査役（会）などのほか、委員会、会計参与などである。

　株主は本来、会社の所有者であるが、多数の株主すべてに経営能力があるとは限らず、また、多くの株主が全員で経営にあたるのは現実的ではない。そこで会社法は、株主は、一般に会社の基本的な事項を、全員が参加する株主総会（会社の意思決定機関）で決定し、会社の経営は経営の専門家である取締役（または委員会設置会社の執行役）に委ねることにし、株主総会では、取締役を選任することにしている（会329条1項）。そして、選任された取締役は、取締役会設置会社および委員会設置会社を除き、原則として会社の経営をし（業務執行機関）、会社を代表する（会社代表機関）。

2) 機関設計の自由

　2005（平成17）年6月成立の会社法は、株式会社のすべてに株主総会と1人以上の取締役の設置を要求するだけで、取締役会、会計参与、監査役（会）などは、定款で任意に設置できるものとしている（会326条）。

　ただし、①全株譲渡制限のない公開会社、監査役会および委員会設置会社では、取締役会の設置が必要である。②取締役会設置会社では、委員会および全株譲渡制限のある会計参与設置会社を除き、監査役の設置が必要である。③会計監査人設置会社は、委員会設置会社を除き監査役を置き、委員会設置会社は監査役を置いてはならず、かつ会計監査人の設置が必要である。④大会社は、非公開会社と委員会設置会社を除き、監査役会と会計監査人を置き、非公開の大会社では、会計監査人の設置が必要である。⑤委員会設置会社には、指名、報酬、監査の3委員会と業務執行・会社代表を行う（代表）執行

役が置かれるので、代表取締役や監査役は不要である。

3）基本的機関構成は三つ

新会社法の下では、株式会社の基本的機関構成は、有限会社タイプ、旧中小会社タイプおよび大会社タイプの三つである。

(6) 有限会社タイプの株式会社

有限会社タイプは、株主総会と1名の取締役のみの株式会社である。取締役会がないので、株主総会は、経営に関する事項などすべての事項を決議できる。

取締役は、会社経営（業務執行）をし、対外的には会社を代表して、取引や裁判所に提訴できる。

(7) 旧中小会社タイプの株式会社

旧中小会社タイプは、3人以上の取締役が取締役会を組織し、代表取締役を選定して、これに会社経営と会社代表を委ね、その監査を監査役に委ねる。

株主総会は法令と定款で定めた事項しか決議できず、経営に関する事項の決定はもっぱら取締役会が行う。

また、取締役会は、自らが選任した代表取締役などの業務執行が違法か否かのみではなく、会社の利益になるか否かも監督し（妥当性監査）、監査役は、それが法令などに違反しないか否かを中心に監査する（違法性監査）。

(8) 大会社タイプの株式会社

大会社は、資本金5億円以上または負債総額200億円以上の株式会社である。出資者や会社債権者が多いので、それらの保護のために、大会社では、監査体制の強化が図られている。

そのために、非公開会社を除き、監査役会設置会社とするか、委員会設置会社としなければならない。

1）監査役会設置会社

監査役会設置会社では、会社の経営は、取締役会と代表取締役などが行い、その監査は、監査役3名以上（1名以上が常勤で、半数以上が社外監査役）で構成される監査役会および公認会計士資格のある会計監査人が行う。

2）委員会設置会社

委員会設置会社では、取締役会の下に、指名、監査および報酬の3委員会と業務執行や会社代表を行う（代表）執行役が置かれる。

執行役は、取締役であることを要しないので、いつでも取締役会限りで選任および解任することができ、特に、取締役会の監督機能を強化するために執行と監督を分離する点に特色がある。

3 手形・小切手法

(1) 手形・小切手法のあらまし

1）手形・小切手法の意義・理念

手形・小切手法は、形式的には、「手形法」、「小切手法」のことをいい、実質的には、手形・小切手に関する法律関係を規律する私法法規全体のことである。

実質的意義の手形・小切手法には、手形・小切手関係に特有な私法法規、いわゆる固有の手形・小切手法と、一般私法法規のうち手形・小切手にも適用される私法法規、いわゆる民事手形・小切手法がある。前者には、手形・小切手法のほか、拒絶証書令や銀行同視施設を定める勅令などが属し、後者には、さらに民法や商法などが属する。

手形・小切手は、主に信用または支払の機能を有し、この機能を確実かつ

迅速に果たすために、一方において手形・小切手の支払の確実性を保証するとともに、他方において手形・小切手の流通性の強化を図っている。それゆえ、この二つの目的が手形法・小切手法の理念と解されている。

2）手形・小切手とは何か

手形法は手形を規律するが、これには約束手形と為替手形があり、それらの振出・裏書（譲渡）・保証・支払などを規定し、小切手法は、小切手の振出・譲渡・保証・支払などを規定している。

約束手形は、それを発行した振出人が手形上の権利者たる手形所持人に対して、支払期日（満期）に手形金額を支払うことを約束する、支払約束証券である。これに対して、為替手形は、それを発行した振出人が、通例自己に債務を負担している債務者（第三者）を支払人とし、支払期日に手形所持人に対して自己への支払に代えて手形金額を支払うべきことをその支払人に委託する支払委託証券である。小切手も、それを発行した振出人が当座預金をしている銀行を支払人とし、この支払人に宛て、小切手持参人に対して小切手金額を自己の当座預金から支払うべきことを委託する、支払委託証券である。

3）手形・小切手の経済的役割

手形は主に信用の機能（役割）を有し、信用証券とも称されるが、それ以外にも、送金や取り立ての機能を有する。信用機能の例としては、代金の支払を繰り延べてもらうために数か月先の日を満期とする手形が振り出されたり、金銭を貸し付ける際に借用証書の代わりに手形が振り出されたり、あるいは現実の商取引に基づかず単に資金の融通のためだけに手形が振り出される場合を挙げることができる。

これに対して、小切手は、もっぱら短期の支払用具としての機能を有するので、支払証券と称せられる。小切手は、日常種々の少額の金銭の支払をしなければならない場合に、現金の授受に伴う紛失や盗難などの危険ならびに煩雑さや不便を克服するために、支払資金を銀行に準備しておいて、その資金から支払を銀行からしてもらうために振り出されるものである。

(2) 手形・小切手の振出

　約束手形の振出は、手形という証券を初めて創設させる基本的な手形行為であり、これにより、約束手形の振出人は手形上の債務を負い、この手形の振出を受ける受取人は手形上の権利を取得する。いわば、紙片に手形の振出に要する法定の事項を記載・署名（記名捺印）し、振出の意思を表示し、これを交付することによって成立する一種の法律行為である。

　したがって、約束手形の振出人が、たとえ流通に置く意思で手形要件の具備した手形に署名したとしても、その段階ではいまだ振出人として手形債務を負担することはない。そうであるとすれば、盗取された約束手形に振出人として署名していた者は、受取人その他の第三者に交付するために手形を流通に置いていないことから、手形上の責任を問われることはないか。最高裁判所は、そのような場合、その作成した手形が第三者の手中に帰することによって、手形の交付があったと認められる外観を作出し、手形に対する第三者の信頼を生ぜしめたというべく、手形取引保護の要請から、振出人は、悪意または重過失なくして手形を取得した第三者に対し責に任ずべきものと解するのが相当である、と判示している（最判昭46・11・16民集25巻8号1173頁）。

　為替手形の振出も、手形を作成し、これを交付することにより成立し、為替手形の作成も、証券上に手形要件を記載し、かつ署名することを要する。手形要件には、当然支払人の名称もある。

　小切手の振出には、小切手資金契約（当座預金契約）と小切手契約の存在が要求される。小切手法3条は、小切手は、その提示のときにおいて振出人の処分しうる資金ある銀行に宛て、かつ振出人をして資金を小切手により処分することを得しむる明示または黙示の契約に従い、これを振り出すことを要すると定めている。これは、小切手が、支払手段として支払の確実を期する必要があることによる。

(3) 手形・小切手の裏書（譲渡）

　裏書という言葉は、権利を譲渡するに際して、その旨が証券の裏面に記載されたことに由来する。単に裏書という場合は、譲渡のためになされる譲渡裏書のことをいう。このほか、取り立てを他人に依頼するためになされる取立委任裏書や、手形上の権利に質権を設定するためになされる質入裏書がある。裏書をなす者を裏書人といい、裏書される者を被裏書人という。

　譲渡裏書の場合、手形の振出を受けた受取人が手形上の権利を譲渡するに際し裏書および署名（記名捺印）をし、譲受人たる被裏書人に手形を交付することになる。

　譲渡裏書がなされると、手形上の権利が移転するほか（権利移転的効力）、裏書を受けて手形を取得した被裏書人は、適法の権利者と推定され（資格授与的効力）、手形を譲渡した裏書人は支払担保責任を負い（担保的効力）、満期に支払がない場合は手形金額等の支払責任が生じる（為替手形にあっては、引受担保責任も課せられ、引受けが拒否された場合も、手形金額等の支払責任が生じる）。そのほか、手形の善意所得者を保護する制度（善意取得制度や人的抗弁の切断制度）も設けられている（手16条2項・17条・77条1項1号）。

　小切手にも裏書制度はあるが、実際は、持参人払式小切手が用いられ、この場合は、小切手を所持する人が権利者と認められるので、小切手を交付するだけで譲渡できる。なお、小切手は、短期の支払を本旨とするので、質入裏書はない。

(4) 手形・小切手の支払

　約束手形は、振出人が満期において、手形記載の手形金額を支払うことを約束した支払約束証券であるから、約束手形の所持人は、手形の振出人に対して、支払呈示（請求）期間内（満期日とこれに次ぐ2取引日内）に手形を呈示して手形金額の支払を請求することができる。

満期における手形所持人の支払請求に対して、振出人が支払をすれば、手形の究極の目的が達成され、手形関係は消滅する。

これに対して、支払が拒絶されると、手形は不渡手形となり、手形所持人は、支払拒絶証書を作成して（一般には作成の免除あり）、支払を担保した裏書人らに対して遡求権（償還請求権）を行使して、手形金額等の支払を求めることになる（手77条1項4号・43条以下）。

為替手形の支払の基本的な考え方は約束手形と同様であるが、支払委託証券である為替手形の支払は、支払人またはその支払を引受けた引受人によってなされる（手28条1項・39条1項参照）。

小切手は、現金の支払に代わるものであることから、常に一覧払いとされ、小切手を呈示したときが満期となるとともに、支払呈示（請求）期間が振出日付後10日間とされている（小29条1項）。支払人は当座預金をしている銀行である。

なお、小切手には線引制度がある。これは紛失盗難等による不正の支払を防止するもので、支払を受けられる人を制限することができる（小37条）。

4 保 険 法

(1) 保険法の意義・概要

1) 保険法とは

一般に保険法という場合は、公保険に関する法を含まない。公保険は、国や地方公共団体などが経営主体となっている保険で、社会政策実現手段（厚生年金保険、労働者災害補償保険、健康保険、雇用保険など）、経済政策実現手段（貿易保険や森林保険など）としての保険である。公保険では、国家財政による補助があったり、加入者の所得や資産などによって保険料の額が決まったりする。

それゆえ、一般に保険法というときは、私保険に関する法のみが取りあげられ、しかも①保険監督・取締法規や②保険組織法規を除く、③保険契約法規をさしている。

2) 保険契約法としての保険法

保険契約法規は、2008（平成20）年に成立した保険法典の保険契約に関する法規等である。

新しい保険法は、特に、保険には共済を含むものとし、共済加入者を保護したり、消費者等の個人が加入する家計保険について、保険契約者等に不利な特約を無効とする片面的強行規定を置くほか、保険外務員による告知妨害等の際の契約解除権の否定など、立法的に保険契約者の保護を図っている。

3) 保険法の目的

保険法の規定は、基本的には、私保険の技術的要請に適応する規定であり、私保険は、私経済的見地から行われる保険で、保険会社は、保険金額と危険率に応じて保険契約者から集めた保険料のみで保険事業を営み、支払われる保険金は保険料のみで賄われるため、保険契約関係者の権利義務を定め、保険契約関係者の利害関係を調整することを目的としている。

(2) 保険と共済

保険は、基本的には、同種の危険にさらされている人たちが保険金額と危険率に応じた保険料を出し合い、それを備蓄・運用して、保険事故にあった人に対して保険金を支払う制度である。つまり、保険金は保険料で賄われるのである。民間の保険会社の保険は不特定多数の人を対象に行われている。

これに対し、共済は、保険とは違い、一定の団体の構成員の相互扶助制度の一つである。構成員は一定額の金銭（共済掛金）を積み立て、災害その他の一定の事由が生じた場合に、一定額の給付を行うものである。職業、地域その他の一定の人的関係を前提に相互扶助が行われる点に特色がある。

(3) 営利保険と相互保険

　営利保険とは営利目的で行われる保険であり、相互保険は保険加入者相互のために行われる保険でる。

　1) 営利保険

　営利保険は利益の追求を目的として保険事業が行われるが、わが国の保険業法は、これを株式会社形態の企業にしか認めていない。

　営利目的の保険は、商法上営業的商行為であり（商502条9号）、これを業として（営業目的として）行えば商行為となり、これを行う株式会社は、固有の（本来の意味の）商人となる（商4条1項）。

　営利保険業を営む株式会社の営業収益の剰余金は基本的にはその出資者たる株主に分配される。保険加入者は、保険会社の契約相手に過ぎない。

　2) 相互保険

　相互保険は保険加入者相互のために行われる保険である。

　相互会社は、保険業法上の会社で、商法上の会社ではない。相互会社では、株主のような出資者はおらず、保険契約者が相互会社と保険契約を締結すると同時に、相互会社の構成員として加入する。ただし、保険契約者であっても、配当金のない無配当の保険のみに加入した場合は、構成員になれないことがある。

　したがって、相互会社に保険契約をして加入した保険契約者は、相互会社の構成員として、総会（総代会）を通じて会社の運営方針の決定などに参画する。

　相互会社の保険事業は、保険契約者全員の相互扶助目的で行われ、利益が出れば保険契約者に還元されるが、損失が出れば保険契約者が負担しなければならない。つまり、相互会社では、保険契約者全員の責任と計算で保険事業が行われる。ただし、以前は、損失が出れば保険金が減額される旨の規定があったが、現在では、保険業法の改正により、損失が出ても、保険金は減額されないようになっている。

(4) 生命保険と損害保険

　生命保険は人の生死（生存または死亡）に関し一定額を支払うことを目的とする保険であり、損害保険は偶然の事故により生ずる損害の塡補を目的とする保険である。

1) 生命保険

　生命保険契約は、保険会社が相手方または第三者の生死（生存または死亡）に関し一定の金額を支払うべきこと（保険給付）を約し、保険契約者がこれに報酬を与えること（保険料の支払）を約する契約である（保2条8号）。

　したがって、生命保険は、損害保険のように損害の塡補を目的としないので、損害の有無や損害額に関係なく、一定の金額が支払われる定額保険である。

　ケガをした場合の傷害保険や病気になった場合の疾病保険は、元来は損害保険の対象である。人の生死の保険ではないからである。

　人を対象とする保険を人保険といい、物を対象とする保険を物保険というが、しかし、ケガや病気のときに、生命保険のように、一定額の保険金を支払う傷害疾病保険（医療保険）は、損害の塡補ではないので、損害保険とは異なる。

　この種の保険を第3分野の保険という。この第3分野の保険は、現在、完全自由化され、生命保険会社も損害保険会社も扱うことができるようになっている。

2) 損害保険

　損害保険契約は、保険会社が一定の偶然の事故（保険事故）によって生ずることのある損害を塡補することを約し、保険契約者がこれに報酬を与えること（保険料の支払）を約する契約である（保2条6号）。

　したがって、損害保険は不定額保険である。保険事故が発生しても損害がなければ保険金は支払われないし、損害が発生しても、損害額を上回る保険金の支払はない。

(5) 損害保険契約

1) 損害保険契約のあらまし

損害保険の特色は損害の塡補を目的とする不定額保険で、損害額いかんにより保険金の支払額が変わる点にある。

損害保険は損害塡補を目的とし（保2条6号）、損害を塡補して経済的に事故前と同様の状態の回復を目的としている。

2) 損害保険契約の特色

損害保険にあっては、①被保険利益の存在が必要である。これは損害を被るおそれのある利益のことである。保険事故にあえば、その利益を喪失し、その喪失額が損害額となる。

したがって、たとえば、他人の家屋に火災保険をかけ、その家屋が火災で焼失しても、契約者は何らの損害も被らないので、保険金を受け取れない。賭博保険ともいわれ、被保険利益を欠き無効となる（保3条参照）。

そして、その被保険利益の評価額が最大の損害額ということになる。この評価額を②保険価額という。

それゆえ、損害保険では、保険価額を超える保険金の支払はなされない。保険加入に際して、保険価額を超える保険金額を約定しても、超過部分の保険金は支払われない。これを③超過保険という。

複数の保険会社と同じ家屋を対象に複数の火災保険を締結しても、それらの保険金額の合計が保険価額を超過するときは、超過部分の保険金は支払われない。これを④重複保険という。

また、損害保険金の支払を受けたときは、焼け跡の残存物や放火犯等に対する損害賠償請求権は保険会社に移転する。これを⑤保険代位という。

(6) 生命保険契約

生命保険は、定額保険であり、人の生死（生存または死亡）に関し一定の金

額の支払を目的とする保険で、損害額いかんにかかわらず、約定の保険金額が支払われる。

　生命保険契約は、人の生存または死亡に関し一定の金額（保険給付）を支払う約束で（保2条8号）、「生死」に関するものであって、基本的には、生存保険、死亡保険および生死混合保険の三つがある。

　生存保険は一定年齢まで生存することを保険事故とするもので、老後に備えたりする年金保険や、子どもの入学資金などに備える学資保険などがある。

　死亡保険には、死亡の時期にかかわらず、死亡保険金を支払う終身保険や、一定の期間内に死亡した場合にのみ死亡保険金を支払う定期保険がある。

　生死混合保険は、生存保険と死亡保険を混合した保険で、被保険者が保険期間中に死亡したときは死亡保険金を支払い、期間満了時点で生存しているときは満期保険金を支払う保険で、養老保険等がこれに属する。

II-6

訴 訟 法

1 裁判の法

(1) 法による裁判

1) 実体法と手続法

　裁判は、万人に等しく適用される規範である「法」によってなされねばならないという原理が、暗黒裁判の時代を経て、人類が到達した普遍の真理である。それは、裁判の勝敗を決するという意味で根幹をなす、権利の存否や犯罪行為の存否といった実体関係については、それを予め定めている法規範（実体法）に基づいて判断されるものであること、そして、かかる実体関係の存否を実体法に基づいて、裁判の場で判断するに際しては、裁判のルールに従わなければならないことをその内容とする。

　この裁判のルールを「手続法（訴訟法）」といい、民法などの私法に関する紛争を対象とする裁判の準則である「民事訴訟法」と、刑法が適用される紛争を対象とする裁判の準則である「刑事訴訟法」がある。

2) 民事裁判と刑事裁判

　私人間の生活関係に関して生ずる紛争について、民法などの法規範を適用することで解決するのが「民事裁判（民事訴訟）」であり、犯罪を行った者に対して、国家が刑罰権を発動するもの、すなわち、犯人とされている者が本当に犯罪を行ったのか、また、犯罪を行ったとして、どのような刑罰が適当なのかといった点をめぐる紛争について、刑法などの法規範を適用することで解決するのが「刑事裁判（刑事訴訟）」である。

(2) 裁判における法規範の適用

1) 事実認定と要件事実

　たとえば、民事の裁判では、当事者間で生起した「生の紛争」をそのまま扱うのではなく、「権利関係ないし法律関係の存否をめぐる紛争」に加工して処理する。民法などの実体法規範を適用して紛争を解決するために、借金の返済についていえば、貸主が借主に対して、「金銭を返せ」といえる権利があるのかという一点に紛争が集約される。貸主の金銭の返還を求める権利が発生するには、民法 587 条という法規範が適用される必要がある。それには、所定の「法律要件（構成要件）」が備わっていなければならない。民法 587 条の場合、「金銭の授受」と「返還の合意」であるが、この法律要件が充足されるか否かは、これに該当する事実が、貸主と借主との間にあったと認定されるか否かで判断される。この事実を「要件事実」という。

　つまり、金銭の貸し借りの場合、返済の期限が到来すれば、当然貸主は借主に対して、「貸した金銭を返還せよ」といえる権利が発生するように、具体的な権利は、一定の事実（要件事実）があると発生する仕組みになっている。借主が貸主に返済すれば、貸主の借主に対する「金銭を返せ」という権利は消滅するのだから、権利が消滅する場合も同じ仕組みである。このように、権利は、一定の事実があると生まれ、一定の事実があると消滅することになっており、裁判では、紛争が集約された権利関係について、それを発生させる事実や消滅させる事実の有無を判断すれば、権利の存否が明らかになる。

　したがって、権利の存否は、それを法律効果として規定する実体法規範の適用の有無で決することができ、そして、法規範が適用されるためには、その法律要件が充足されている必要があるが、それは法律要件に該当する事実、つまり要件事実の存否で判断できる。この要件事実を確定する作業を「事実認定」という。この意味で、裁判においては、事実認定が非常に重要であって、ほとんどの事件は事実認定で決まるといってよい。

2）判決三段論法

裁判では、認定された事実を所与のものである法規範にあてはめ（これを「包摂」という）、結論が導かれる。このような裁判の思考方法を「判決三段論法（法的三段論法）」という。これは、まず法規範の意味内容を明らかにして（これを「法の解釈」という）、「法律要件→法律効果」という「大前提」を設定し、具体的な紛争がその法律要件に該当するという「小前提」が満たされれば、この二つの前提から、所定の法律効果が付与されるという結論が導かれるという考え方である。

たとえば、「人を殺した者は、死刑に処する」という法規範があるとして、XがYを殺したという事実が認定された場合、自動的に「Xは死刑に処する」という結論になる。この場合、法規範が大前提であり、「人を殺した者」という法律要件と、「死刑に処する」という法律効果からなっている。そして、XがYを殺したとの認定事実が小前提であって、Xは「人を殺した者」という法律要件を満たしているから、「死刑に処する」という法律効果が発生することになる。

2　民事の裁判

(1) 裁判の開始

1）私的自治と処分権主義

民事の法律関係では、「私的自治の原則」が妥当し、紛争当事者にその解決のイニシアティヴがある。和解・調停・仲裁といったADRを選択することも可能だし、裁判を選択してもよい。その際、訴えを提起するか否かとか、どのような訴えを提起するかといったことは、ひとえに当事者の判断に委ねられている（「訴えなければ裁判なし」との法諺で表される。これを「処分権主義」という）。

2）訴え提起の方式

民事裁判は、権利ないし法律関係の存否を主張するほうの当事者が「原告」となり、相手方当事者を「被告」として、その事件につき裁判権を行使する権能（管轄権。民訴4条～7条・10条～12条）を分担する裁判所に「訴状」を提出することで始まる（民訴133条1項）。

訴状には、原告が訴えによって求める判決の内容を示す「請求の趣旨」と、原告の被告に対する請求を明らかにするのに必要な事実（たとえば、権利の内容や権利の発生原因など）である「請求の原因」を記載し、裁判における審判の対象たる「訴訟物（訴訟上の請求）」を特定する必要がある（訴状の必要的記載事項。民訴133条2項2号）。

3）裁判所による訴状審査と送達

裁判所は訴状を審査し、その記載が不十分な場合などには、原告に訴状の補正を命じ（補正命令。民訴137条1項）、これに従わないと訴状は却下される（民訴137条2項）。これは、訴状を受理することなく、原告に返還する趣旨の裁判である。

受理された場合、訴状は被告に送達され（民訴138条。具体的な送達の方法については、民訴98条以下）、それとともに第1回口頭弁論期日が指定される（民訴139条）。なお、被告への訴状送達のときをもって、事件が裁判所に「訴訟係属」したものとされ、これにより同一事件につき重ねて訴えを提起することができなくなる（二重起訴の禁止。民訴142条）などの効果が生ずる。

4）被告による第1回期日の準備

訴状および第1回口頭弁論期日の呼出状の送達を受けた被告は、口頭弁論のために「準備書面」を作成し、裁判所に提出する（民訴161条1項）。特に、第1回期日のために被告が提出する準備書面を「答弁書」という。

答弁書には、請求の趣旨への答弁を記載するほか、訴状に記載された事実に対する認否や抗弁となる事実を記載しなければならず、また、立証を要する事実に関連する事実で重要なものおよび証拠を記載しなければならない（民訴規則80条1項）。

5）訴え提起前の情報収集の方法

なお、原告としては、訴え提起後、どのような事実を主張するか、そのためにどんな証拠があるかといったことを事前に検討しておかなければ、訴状の記載も充実したものとならない。そこで、訴え提起前に、情報を収集できる方法が規定されている。「証拠保全」や「提訴予告通知に基づく照会・証拠収集」である。

証拠保全は、提訴後に行われる証拠調べ手続を待っていたのでは、証拠調べをすることが不可能もしくは困難となるおそれがある場合に、あらかじめ証拠調べをして、その結果（証拠資料）をとっておく手続である（民訴234条以下）。

提訴予告通知は、訴えを提起しようとする者が、訴えの被告となるべき者に対し、書面（予告通知書）により訴えの提起を予告する制度である。この提訴予告通知をした者（予告通知者）は、訴えの提起前であっても、相手方（被予告通知者）に対し、照会をしたり（民訴132条の2）、裁判所による証拠収集処分を求める（民訴132条の4）ことができる。

(2) 裁判の審理―口頭弁論―

1）口頭弁論の諸原則

民事裁判は、原告の被告に対する権利主張が認められるか否かについて、裁判所が審理し、判決という判断を下す手続だが、その前提として、当事者にはそれぞれ自己の言い分を主張する機会が十分与えられる必要がある。かかる場を保障する審理の方式が「口頭弁論」であり、民事裁判では、必須のものとされる（必要的口頭弁論の原則。民訴87条1項本文）。

裁判の審理に必要的な方式である口頭弁論には、必ず当事者双方を呼び出し、その期日に立ち会う機会を保障しなければならない（双方審尋主義。民訴202条1項）。双方審尋主義が妥当する口頭弁論が、憲法82条1項にいう「対審」であるが、その趣旨は、対席の機会の保障にあり、当事者が欠席したと

きに口頭弁論期日が実施できないというわけではない。

　口頭弁論は公開の法廷で実施しなければならない（これを「一般公開」という）。「裁判の対審及び判決は、公開法廷でこれを行ふ」（憲82条1項）ことからの要請である。なお、訴訟記録（訴状、答弁書、準備書面、判決原本など）も一般公開であり、何人もその閲覧を請求できる（民訴91条1項）。ただし、秘密保護のために、閲覧等が制限されることがある（民訴92条1項）。

　判決をすることができるのは、その基本となる口頭弁論に自ら関与した裁判官である（直接主義。民訴249条1項）。ただ、裁判官が交代などした場合、最初から審理手続をやり直したのでは無駄だから、新裁判官の前で当事者に従前の弁論の結果を陳述させることで、直接主義との調和を図っている（これを「弁論の更新」という。民訴249条2項）。

　口頭弁論は、文字通り口頭でされるのが原則である（口頭主義）。ただ、口頭でのやりとりは審理を躍動的にする反面、記憶違い等による間違いや不明瞭が生ずることもありうるから、書面により口頭弁論を準備することを求めている（準備書面。民訴161条1項）。

　準備書面の記載事項は、攻撃防御方法（なお、事実に関する主張は、主要事実と間接事実を区別して記載し、立証を要する事実ごとに証拠を記載する。民訴規則79条2項）と相手方のそれに対する陳述（その際、否認するには理由を付さねばならない。民訴規則79条3項）である（民訴161条2項）。準備書面は、その記載事項につき相手方が準備をするのに必要な期間をおいて、裁判所に提出する（民訴規則79条1項）とともに、相手方に直送しなければならない。

2）口頭弁論の準備——争点および証拠の整理——

　民事裁判は、当事者が互いに主張をし、争いのある事実について証拠調べをした上で、裁判所が判決によって争点についての判断を示すという手続だから、適正かつ迅速な裁判を実現するには、早期の段階で争点を的確に把握し、当事者および裁判所との間で共通認識となった争点に対して、集中的な証拠調べを実施することで、審理の充実を図る必要がある。かかる「争点中心審理」を実現するために、争点および証拠の整理手続がある。

「準備的口頭弁論」は、争点や証拠の整理を行うための口頭弁論である（民訴164条）。口頭弁論期日の一部を争点整理のために利用するものだから、公開が原則である。

「弁論準備手続」は、口頭弁論期日外の期日に、争点整理を目的として行われる手続である（民訴168条）。口頭弁論ではないから、一般公開の保障はないが、当事者双方の立ち会いが求められ（民訴169条1項）、裁判所が相当と認める者や当事者からの申し出があった者の傍聴を認めることができる（民訴169条2項）。この期日において、裁判所は、当事者に準備書面を提出させることができる（民訴170条1項）ほか、文書の証拠調べ（書証）ができる（民訴170条2項）。

「書面による準備手続」は、当事者が遠隔地に居住するなどの場合、当事者の出頭なくして、準備書面の提出等により争点を整理する手続である（民訴175条）。

このほか、口頭弁論期日における攻撃防御の準備のため、相手方の協力が必要な場合、当事者は、その主張や立証を準備するのに必要な事項について、相手方に対し相当の期間を定めて、書面で回答するよう照会できる（当事者照会。民訴163条）。

3）裁判の基礎資料の収集と提出―弁論主義―

裁判所は、当事者が提示した訴訟物について判断することになるが、そのためには、訴訟物たる権利関係の主張を根拠づける法律効果の発生にかかわる事実と、その事実の存否に争いがあるときには、これを確定するための証拠（この二つを合わせて「訴訟資料」という）が必要である。民事の裁判にあっては、これら訴訟資料の収集は当事者の責任とされ、これを「弁論主義」という。

弁論主義は、一般に、判決の基礎となる資料の収集や提出を当事者の権能かつ責任とする原則である。その具体的内容は、①裁判所は、当事者の主張しない事実を判決の基礎資料として採用してはならない。②裁判所は、当事者間に争いのない事実（たとえば、自白された事実）については、そのまま判決

の基礎資料として採用しなければならない。③当事者間で争いのある事実を認定する場合、証拠によって認定する必要があるが、その証拠も必ず当事者が提出したものに限られる、という三つの命題に要約される。

4) 自由心証主義と証明責任

　事実について争いがある場合、裁判所が事実認定をするが、普通は、「自由心証主義」（民訴247条）に基づいて、証拠調べの結果、事実の存否が認定され、それにより構成要件（法律要件）を充足するかどうかが判断でき、法規範の適否が決し、法律効果の有無が定まり、原告主張の通り権利が存在する、あるいは存在しないというかたちで結論（判決）が示され、これにより権利の存否をめぐる紛争は終了する。

　しかし、ある事実が存在するのか、それとも存在しないのかについて、自由心証主義により裁判所が判断できない場合（これを「真偽不明〔ノン・リケット〕」という）、事実認定できないからといって、裁判所が裁判を回避することは許されない。そこで、このような場合、当事者が自分に有利な法律効果の発生を定める法規範の、法律要件に該当する事実（要件事実）につき、「証明責任」を負担するとされ、その事実を証明できないときには、法律要件が充足されないから、当該法規範が適用されず、所定の法律効果が発生しないというかたちで、証明責任を負う当事者が不利益を被ることになる。

　たとえば、貸金返還請求訴訟では、民法587条の法律要件は金銭の授受と返還の合意であり、これらに該当する事実（要件事実）が存在することになれば、当事者間で民法587条所定の金銭消費貸借契約の成立という法律効果が発生するから、その限りでは原告の被告に対する貸金返還請求が認められることになる。このとき、要件事実の証明責任は原告が負うから、仮に金銭の授受が真偽不明となったときには、要件が充足しないので、民法587条は適用されず、その法律効果たる金銭消費貸借契約の存在を認定できず、貸金返還請求が認められないことになる。

(3) 裁判の終了

1) 判決による裁判の終了

　口頭弁論を経由し、「訴訟が裁判をするのに熟した」状況になると、裁判所は、口頭弁論を終結し、判決により判断を示す（民訴243条1項）。判決には、当事者の提示した訴訟物（権利関係ないし法律関係存否の主張）の当否を判断することのない、いわば門前払いの判決である「訴訟判決（訴え却下判決）」と、実体にふみ込んで、訴訟物の当否を判断する「本案判決」がある。本案判決には、原告の請求に理由ありとする「請求認容判決」と、理由なしとする「請求棄却判決」がある。

　判決は公開の法廷で、判決書原本に基づいて言い渡され（民訴252条）、判決書には、結論である主文のほか、理由などが記載される（民訴253条）。言渡しは、口頭弁論期日で行われ（これを「判決言渡し期日」という）、原則として口頭弁論終結の日から2か月以内でなければならない（民訴251条1項）。

　ただ、被告が口頭弁論において原告の主張した事実を争わず、その他何らの防御方法も提出しないような場合、口頭弁論の調書をもって判決書の作成に代え、判決書原本によることなく言渡しをすることができる（調書判決。民訴254条）。

　判決書またはこれに代わる調書は、当事者に送達され（民訴255条1項）、この送達を受けた日から、上訴期間が起算される（民訴285・313条）。

2) 判決の効力

　判決は言渡しによって効力を生ずる（民訴250条）から、いったん言い渡された以上、これを取消すには、当事者による上訴を契機とする上級審の判断を待たねばならない。したがって、判決に対して上訴ができなくなったときは、もうその裁判手続内で判決を取消すことができなくなる（ただし、再審を除く）。この状態を「判決の確定」といい、判決の中心的効力である「既判力」は、このときから生ずる。

　既判力とは、判決の内容たる判断に認められる効力で、実質的確定力とも

いわれ、当事者および後訴裁判所に対する拘束力ないし通用性である。つまり、判決が確定すると、当事者はその内容たる判断に拘束され、同一事項が再び問題となった場合に、前の判断と矛盾する主張をすることはできず、また、後訴裁判所も前訴確定判決に拘束され、前の判断に矛盾抵触する判断をすることが許されなくなる。

3　刑事の裁判

(1) 刑事裁判と刑事訴訟法

1) 刑事裁判の要請

　刑事裁判は、犯罪を行った者に対して、国家が刑罰権を実現する手続である。刑事裁判では、そもそも犯人とされている被告人が、本当に犯罪を行ったのか否かとか、犯罪を行ったとして、どのような刑罰を科すのが適当なのかといった点をめぐり紛争があり、かかる紛争について裁判所が公権的に判断をする。

　もっとも、刑事裁判にあっては、真犯人を厳正に処罰し、無実の者にかけられた犯罪の嫌疑を晴らすべく、適正な手続に則って真実を発見（真相解明）する必要があり、特に、手続全体を通して、犯罪容疑者（被疑者）や被告人の人権を保護するため、憲法上多くの規定が置かれ（憲31条～40条）、厳格な手続で裁判が行われるように配慮されている。

2) 刑法と刑事訴訟法

　どのような行為類型が犯罪を構成し、いかなる刑罰を科すかについては、実体法たる「刑法」が規定する。ただ、その法規範は抽象的であり、現実に発生する犯罪に関して、犯人と犯罪事実を明らかにして、具体的な刑罰を決める必要がある。かかる抽象的な法規範たる刑法を具体的に実現するための手続を定めているのが「刑事訴訟法」といえよう。

(2) 捜　　査

1) 捜査の意義と方法

　犯罪が発生した場合、公訴の提起および維持のため、犯人を発見・確保し、証拠を収集・保全する手続を「捜査」という。捜査を担当するのは、司法警察職員や検察官などの捜査機関である（刑訴189条・191条）。捜査にあたっては、相手方の協力を得て行う「任意捜査」が原則である。

　逮捕や捜索・押収といった強制処分をするには、刑事訴訟法にその旨規定がなければ許されず（強制処分法定主義。憲31条、刑訴197条1項但書）、逮捕や捜索・押収をするには、「正当な理由」（犯罪の嫌疑）がある場合で、司法官憲（裁判官）の発する、被疑者や捜索すべき場所、押収すべき物を特定・明示する「令状」による必要がある（令状主義。憲33条・35条）。

2) 逮　　捕

　被疑者に犯罪の嫌疑があり、逃亡や罪証隠滅のおそれがある場合、逮捕・勾留することができる。逮捕には、逮捕の理由（犯罪を行ったことを疑うに足る相当な理由）と逮捕の必要（逃亡や罪証隠滅のおそれ）があることを要件に、裁判官による令状（逮捕状）によってなされる「通常逮捕」（刑訴199条）、犯罪の重大性、嫌疑の十分性、逮捕の緊急性を要件に、令状なく逮捕できるが、逮捕後直ちに裁判官の審査を受けて、逮捕状の発行を求めることを条件とする「緊急逮捕」（刑訴210条）、犯罪の嫌疑が明白で、誤認逮捕のおそれがなく（現認性）、かつ、その機会を逸すると被疑者が逃亡するなどの可能性が高い場合、令状なくして逮捕できる「現行犯逮捕」（刑訴212条。これは憲33条の例外）がある。

　逮捕による被疑者の身体拘束から48時間以内に、取調べの上、必要ありと認められた場合、被疑者の身柄は検察官に送致される（刑訴203条1項）。検察官は送致のときから24時間以内に、裁判官に対し、被疑者の勾留を請求しなければならない（刑訴205条1項）。勾留は、公訴提起前の捜査段階において、裁判官によりなされる強制処分（刑訴60条・207条）で、勾留に際し

ては、その期間は10日間であるが、やむをえない事情がある場合、さらに10日間の延長が認められる（刑訴208条）。

被疑者の取調べは任意に行わなければならず（憲38条1項、刑訴198条）、被疑者には、「黙秘権」（憲38条1項、刑訴198条2項）、「弁護人選任権」（刑訴30条）、「接見交通権」（刑訴39条）といった防御権が認められる。

(3) 公訴の提起（起訴）

1) 起訴独占主義と起訴便宜主義

捜査の結果、被疑者の犯罪の嫌疑および証拠が十分であると思料した場合、「公訴の提起（起訴）」がなされる。

起訴は、国家機関である検察官のみがこれを行う（起訴独占主義・国家訴追主義。刑訴247条）が、検察官は、犯人の境遇や犯罪の軽重、犯罪後の情状により、起訴しない場合もある（起訴便宜主義。刑訴248条）。ただ、この場合、検察官の不起訴が不当な職務執行に該当することも考えられ、これをチェックするべく、「検察審査会」による不起訴処分当否の審査制度が設けられている（検察審査会2条）。

2) 起　訴　状

起訴は「起訴状」（公訴事実〔訴因〕と罪名〔適用罰条〕が記載される。刑訴256条1項～4項。以後の裁判の対象は、訴因に限定される）によって行われるが、憲法37条1項の保障する「公正な裁判所」の理念を実現するため、起訴状には、事件につき裁判官に予断を抱かせるおそれのある書類などを添付し、またはその内容を引用することは禁じられる（起訴状一本主義。刑訴256条6項）。

被疑者は、起訴された時点から「被告人」となり、公平な裁判所による迅速な公開裁判を受ける権利を有し（憲37条1項）、弁護人の選任権も認められる（憲37条3項。経済的事情などで自ら弁護人を選任できない場合、国が弁護人を付ける〔国選弁護人〕。刑訴36条・37条）。

(4) 公　　判

1) 公判の手続と公判前整理手続

　起訴により裁判所での事件の審理がはじまるが、刑事裁判における審理手続を「公判」といい、犯罪事実の存否および刑罰の範囲を確定する刑事裁判の根幹をなす手続過程である。公判手続は、冒頭手続、証拠調べ、弁論、判決に分かれ、いずれも公開の法廷で（公開主義。憲37条1項）、口頭で実施され（口頭主義）、証拠調べ等を行った裁判官が判決する（直接主義）ものとされる。

　公判の進め方については、その主導権を当事者に委ねる構造（当事者主義）を旨とし（刑訴298条1項・312条1項）、検察官の犯罪事実（訴因）についての主張・立証と、被告人の反論・反証という攻撃防御をふまえて、裁判所が公平な第三者として判断を下すものといえる。

　ただ、裁判所は、充実した公判の審理を行うため必要があると認めるときは、第1回公判期日前に、事件の争点および証拠を整理するための公判準備として、事件を公判前整理手続に付する旨決定できる（刑訴316条の2第1項）。

2) 冒　頭　手　続

　裁判長によって、出廷した被告人が本人であるかどうかが確認され（人定質問。刑訴規則196条）、次に、検察官が起訴状を朗読する（刑訴291条1項）。裁判長は、被告人に黙秘権などを告げた後、被告人とその弁護人に対し、事件についての意見を聴く（罪状認否。刑訴291条2項）。

3) 証　拠　調　べ

　冒頭手続が終わると、証拠調べに移り、まず検察官が、これから証拠によって明らかにしようとする事実を述べ（冒頭陳述。刑訴296条）、証拠調べの請求をする。このように、刑事裁判の事実認定は証拠によらねばならない（証拠裁判主義。刑訴317条）。裁判所の証拠採用の決定により、証拠調べが実施される。検察官が請求した証拠調べがすむと、被告人側が請求した証拠調べが行われる（刑訴規則199条）。たとえば、証人尋問では、その取調べを請求

した側が「主尋問」を行い、次いで相手方が「反対尋問」を行う（交互尋問制。刑訴304条、刑訴規則199条の2）。

　犯罪事実の認定に利用される証拠には、証拠能力と証明力がなければならない。「証拠能力」とは、犯罪事実の認定に用いることができる法律上の資格で、「違法収集証拠」の排除というかたちで問題となる（たとえば、「無断録音テープ」につき、証拠能力が肯定された。最判平12・7・12刑集54巻6号513頁）。また、「伝聞証拠」は、反対尋問権が保障されないので、証拠能力が制限される（刑訴320条）。

　一方、「証明力」は、証拠の実質的な価値で、裁判官による自由な評価に委ねられる（自由心証主義。刑訴318条）。たとえば、自白についてみれば、その証拠能力に関しては、任意性に疑いのある自白を証拠とすることはできない（憲38条2項、刑訴319条1項）とされるが、その証明力については、任意性のある自白であっても、それが被告人にとって不利益な唯一の証拠である場合には、必ず自白以外の証拠（補強証拠）を要するものとされる（憲38条3項、刑訴319条2項）。

　証拠の取調べが終わると、被告人に対する質問（被告人質問）が行われ、情状に関する立証がなされる。

4) 弁　　論

　証拠調べが終了すると、最終弁論となる。まず、検察官が事実と法の適用について主張し（論告。刑訴293条1項）、その事件にふさわしい刑の種類と程度についての意見も述べる（求刑）。これに対し、弁護人が最終弁論のかたちで、被告人に有利な主張を展開し、最後に、被告人本人に陳述の機会が与えられ（刑訴293条2項）、結審する。

5) 判　　決

　判決は、公判廷において、宣告により告知される（刑訴342条）。判決の宣告は、裁判長が主文および理由を朗読して行う（刑訴規則35条）。「主文」とは、裁判の結論であり、たとえば、「被告人を懲役7年に処する」とか、「被告人は無罪」といったかたちで示される。なお、犯罪事実の認定に際して、

審理を尽くしても真偽不明の状況にある場合、刑事裁判では、立証責任が検察官にあるため、「疑わしきは被告人の利益に」の原則のもと、無罪の判決をすることになる（刑訴336条）。

(5) 刑事裁判の新時代

1）刑事裁判手続への被害者参加

法定の罪にかかわる刑事事件の被害者等からの申し出により、裁判所は、被告人等の意見を聴くなどして諸般の事情を考慮し、相当と認めるときに、当該被害者等が刑事裁判手続に参加することを許す旨決定できる（刑訴316条の33）。

刑事裁判手続への参加を許された者（被害者参加人）は、公判期日に出席でき（刑訴316条の34）、情状に関する事項につき、証人を尋問することが許され（刑訴316条の36）、被告人に対し質問することも許される（刑訴316条の37）。また、検察官による論告求刑が終わった後、事実や法律の適用について、意見を陳述することが認められる（刑訴316条の38）。

2）損害賠償命令

「犯罪被害者等の権利利益の保護を図るための刑事手続に付随する措置に関する法律」は、犯罪被害者等の受けた身体的、財産的被害の回復に資するための措置を定め、ならびにこれらの者による損害賠償請求にかかる紛争を簡易迅速に解決するための裁判手続の特例を定める（被害者保護1条）。

犯罪の被害者は、通常、加害者に対して不法行為に基づく損害賠償請求権（民709条）を有することになり、これを民事裁判手続で行使することになるが、その際、費用や時間等のかかる裁判での救済には、困難を伴うことが予想される。そこで、刑事裁判手続と連動するかたちで、簡易迅速に被害者の民事的な救済を図る方法が導入された。

刑事事件の被害者は、当該刑事事件の訴因として特定された事実を原因とする不法行為に基づく損害賠償について、当該刑事事件の係属する裁判所に、

「損害賠償命令の申立て」をすることができる（被害者保護 17 条）。

3) 裁判員による裁判

「裁判員の参加する刑事裁判に関する法律」は、司法への国民の理解を増進し、信頼を向上すべく、国民のなかから選任された「裁判員」が、裁判官とともに、刑事裁判手続に関与するための特則を定める（裁判員 1 条）。

裁判員裁判に付される事件は法定され（裁判員 2 条 1 項）、その員数は 6 人である（裁判員 2 条 2 項）。裁判員は裁判官とともに合議体を形成し、事実認定をして有罪か無罪を決し、有罪の場合、その量刑も判断する（裁判員 6 条）。

2009（平成 21）年 5 月 21 日の制度導入以来、2011（平成 23）年 3 月末までに、1 万 1889 人が裁判員に選任され、2099 人の被告に対して判決が言い渡された（うち有罪 2053 人）。たとえば、強盗致傷 523 人（うち有罪 513 人）、殺人 478 人（うち有罪 469 人）、現住建造物等放火 184 人（うち有罪 181 人）、傷害致死 167 人（うち有罪 165 人）、覚せい剤取締法違反 163 人（うち有罪 154 人）など。

II-7 労働法

1）労働法の意味と労働基本権

　労働法とは労働者を保護し支援するために定められているたくさんの法律、命令を総称している文言である。労働は身体と切り離して提供することはできないから大変弱い立場にあり、労働者が使用者と対等に労働条件等について交渉するにしても最低限度の保護法令が必要になる。憲法ではすべて国民は勤労の権利を有し義務を負うと規定し（三大義務の一つ〔納税、教育、勤労〕）、勤労者の団結権・団体交渉権・団体行動権（争議権・ストライキ権）が保障されている（憲28条）。これを労働三権という。ただし、公共性の強い職務の性質上、警察職員、海上保安庁職員、刑事施設職員（国公108条の2・5項）、消防職員（地公52条5項）、防衛省職員（自衛隊員を含む）は労働基本権は禁止されている。また、国家公務員・地方公務員の一般職員は団結権、団体交渉権は認められるが、争議権は禁止されている（国公98条2項、地公37条1項）。

2）労働者保護法令

　労働者保護法令としては、①労働基準法、②労働組合法、③労働関係調整法があり、これを労働三法という。その他の労働法には、④最低賃金法、⑤賃金支払確保法、⑥労働安全衛生法、⑦男女雇用機会均等法、⑧育児・介護休業法、⑨短時間労働者の雇用管理の改善等に関する法律、⑩家内労働法、⑪雇用対策法、⑫職業安定法、⑬労働者派遣事業法、⑭高年齢者雇用安定法、⑮障害者雇用促進法、⑯職業能力開発法、⑰雇用保険法、⑱労働者災害補償保険法、⑲労働保険徴集法、⑳勤労者財産形成法、㉑中小企業退職金共済法、㉒個別労働関係紛争解決促進法、㉓労働審判法、㉔労働契約法などがある。これだけみても労働者が法によって守られていることがおわかりだろう。

3）労働基準法の主な内容

労働基準法は、①労働契約、②賃金、③労働時間・休憩、休日、年次有給休暇、④安全衛生、⑤年少者、⑥妊産婦等、⑦技能者養成、⑧災害補償、⑨就業規則、⑩寄宿舎、⑪監督機関、⑫罰則などで構成されている。人たるに値する生活を営むための最低限のもので強行規定である。個別労働契約内容を直接規定しており、違反に対して刑事罰が科される。

4）労 働 者

労働基準法上の労働者とは職業の種類を問わず、事業または事務所に使用される者で賃金を支払われる者をいう（労基9条）。他方、労働組合法では職業の種類を問わず賃金給料その他これに準ずる収入によって生活する者をいう（労組3条）と規定しており、失業保険受給者も含むところに意味がある。契約社員、日雇い、パート、学生アルバイトも労働基準法の適用を受ける。

5）使用者・事業主

使用者とは事業主または事業の経営担当者その他の事業の労働者に関する事項について事業主のために行為するすべての者をいう（労基10条）。事業主とは事業の経営主体をいう。

6）労 働 契 約

使用者と労働者個人との間で一定の労働条件を示した契約をいう。

7）労働条件の明示義務

使用者は労働契約を結ぶとき必ず明示しなければならない事項がある。①契約期間、②働く場所、従事する仕事、③始業、終業時刻（時間外労働があるときも含む）、休憩時間、休日、休暇、交替制であるときの交替方法、④賃金の決定、計算、支払方法、締切、支払の時期、昇給、⑤退職に関すること。これら①〜⑤は必ず文書で明示しなければならない（労基15条、同施行規則5条）。

8）賃 金

賃金とは賃金、給料、手当、賞与等その名称のいかんを問わず、労働の対価として使用者が労働者に支払うすべてのものをいう（労基11条）。

9）賃金支払の5原則

①通貨払の原則。ただし、組合との労働協約により現物支給（定期券や自社製品など）もありうる。②直接払の原則。金融機関への口座振込みは労働者の同意があればよい。③全額払の原則。ただし所得税、社会保険料の控除や労使協定による組合費、社宅料の天引きは許される。④毎月1回以上支払の原則。⑤一定期日払の原則（労基24条）。臨時に支払われる傷病手当、結婚手当、退職金、勤続手当、能率手当等は適用除外される（労規則8条）。

10）労働時間

原則1日8時間、1週40時間、毎週2日休日制が典型例である。適用除外者（管理監督者、機密事務取扱い者など）もある。

11）女性労働者に対する保護規定

①男女雇用機会均等法では、均等確保の処置として、募集、採用、配置、昇進、教育訓練、福利厚生、定年、退職、解雇、紛争解決システム、セクハラ防止配慮義務を規定している。②母性保護・健康管理の面で、労働基準法は産前産後休業、妊婦の軽易業務転換、妊産婦の時間外休日労働深夜業禁止、育児時間付与、生理日の取扱い、③育児介護休業法では、育児休業、介護休業、時短措置、育児家族介護従事男女の時間外労働制限、深夜業制限などを規定している。

12）労働協約

労働組合と使用者またはその団体との間の労働条件についての協定をいう。

13）労働組合

労働組合とは労働者が主体となって自主的に労働条件の維持改善その他経済的地位向上を図ることを目的として組織された団体又はその連合体をいう（労組2条本文）。

14）不当労働行為の禁止

使用者は次の行為をしてはいけない（労組7条1号～4号）。

①労働者が労働組合の組合員であること、労働組合に加入し、これを結成しようとしたこと、労働組合の正当な行為をしたことを理由として、その労

働者を解雇したり、不利益な取扱いをしたり、労働者が労働組合に加入せず、労働組合から脱退することを雇用条件とすること。

②使用者が雇用する労働者の代表者と団体交渉することを正当な理由なく拒むこと。

③労働者が労働組合を結成し、運営することに支配介入すること、組合運営の経費支出につき経理上の援助を与えること（組合費天引き協定〔check off〕は許される）。

④労働者が労働委員会に対し、使用者がこの規定に違反した旨の申立てをしたことを理由にその労働者を解雇したり、不利益な取扱いをすること。

15）救済申立て

労働組合または各組合員は、使用者が不当労働行為を行ったとき、各都道府県に置かれる労働委員会に救済を求めることができる。労働委員会は公益委員、労働者委員、使用者委員の三者で構成されている。

労働委員会は不当労働行為の審査、労働争議のあっせん、調停、仲裁を行う（労組20条）。具体的手続は労働関係調整法による。労働委員会の審査で不当労働行為に認定された場合は原職復帰、賃金の遡及払（バックペイ）、団体交渉応諾、謝罪文の掲示（ポストノーティス）など救済命令が出される。不服の場合は中央労働委員会に再審査申立てができる。それでも不服の場合、訴訟への道がある。

16）個別的労使紛争解決方法・救済申立て

労働者個人が使用者から不当に解雇されたり、給料未払だったり、派遣切りにあったりしたときは個別労使紛争解決のため次のような解決方法がある。

①労働委員会で取り扱う個別労使紛争あっせん（公労使三者構成）。

②各都道府県にある労働局による労使紛争あっせん（単独）。

③労働審判の活用　地方裁判所に労働審判委員会が置かれ、裁判官1名、労働審判委員2名の3人構成。手続は非公開。まず調停を行い、うまく行かないときは労働審判を行う。当事者から適法な異議申立てがあったときは労働審判は効力を失う（労審21条）。

④簡易裁判所に対する一般民事調停申立てや60万円以下の場合の少額訴訟の活用等がある。

II-8 経済法

1 経済法とは何か

　経済法の意義については、争いもあるが、一般的には、経済法とは、経済の社会的調和を図るために国家権力をもって市民法原理を修正する法の総称であるといわれている。

　経済法は、たとえば、独占的企業が弊害をもたらす場合には、所有権絶対の原則を修正し、その独占的企業の分割を命じ、ある大企業が競争会社の株式を買い占め、その競争会社に役員を派遣するなどの手段で独占行為をなすと、契約自由の原則を修正し、その行為を違法として刑事責任を科すとともに、その株式の処分や役員の辞任を命じ、同様に競争会社間の価格の引上げや生産数量の調整等の契約（合意）を禁止し、これに違反した場合にも種々の制裁を課すのである。さらには、企業の不公正な競争方法を禁じたり、時には大企業・中小企業間の著しく不公正な取引を禁じるのである。そして、それらの行為がなされた場合には、過失責任の原則を修正し、それらの行為をなした企業に無過失責任を負わしめるのである。

2 経済法の体系

　現在の経済法の体系は独占を禁止する反独占政策で貫かれている。その基本を定めるのが独占禁止法（私的独占の禁止及び公正取引の確保に関する法律）である。それゆえ、この独占禁止法は経済憲法と称されることがある。

経済法の基本法たる独占禁止法は、公正かつ自由な競争を促進するために、私的独占を禁止し、不当な取引制限を禁止し、不公正な取引方法を禁止するとともに、事業支配力の過度の集中を防止しようとするものである。

　そしてこの独占禁止法を補強する付属法令として、「下請代金支払遅延等防止法」や「不当景品類及び不当表示防止法」などがある。前者は、「下請代金の支払遅延等を防止することによつて、親事業者の下請事業者に対する取引を公正ならしめるとともに、下請事業者の利益を保護し、もつて国民経済の健全な発達に寄与することを目的とする」（下請1条）。後者は、「商品及び役務の取引に関連する不当な景品類及び表示による顧客の誘引を防止するため、一般消費者による自主的かつ合理的な選択を阻害するおそれのある行為の制限及び禁止について定めることにより、一般消費者の利益を保護することを目的とする」（景表1条）。

3　独占禁止法

(1) 独占禁止法の目的

　経済法の基本法である独占禁止法の直接の目的は、公正かつ自由な競争の促進である。かかる公正かつ自由な競争の促進が図られると、その結果として、事業者の創意が発揮され、事業活動が活性化し、雇用の機会が拡大し、国民の所得水準が向上するとの前提に立つ。これらが間接的な目的である。このような目的が達成されると、究極的には、一般消費者の利益が確保され、国民経済の民主化・健全化に資するとみる（独禁1条）。

(2) 独占禁止法の体系

　独占禁止法は、三つの禁止規範を設けている。私的独占の禁止、不当な取

引制限の禁止および不公正な取引方法の禁止がそれである。これらが独占禁止法の三本柱である。これらの三つの禁止規範を補完するのが、その他の規範であるといえよう。

私的独占禁止規範（独禁3条・2条5項）を補完するものとしては、事業者団体（同業者の団体）の独占行為規制（独禁8条）のほか、主に、予防規範としての企業集中規制がある。これには、事業支配力の集中規制（独禁9条）、株式保有規制（独禁10条以下）、役員兼任規制（独禁13条）および合併・営業譲受・会社分割などの規制（独禁15条以下）がある。広義には、独占的企業の分割規制（独禁8条の4）もここに挙げられよう。

不当な取引制限禁止規範（独禁3条・2条6項）を補完するものとしては、国際カルテル規制（独禁6条）および事業者団体のカルテル規制（独禁8条）がある。

不公正な取引方法禁止規範（独禁19条・2条9項）を補完するものとしては、公正取引委員会が全業種の事業者の不公正な取引方法として具体的に指定した、いわゆる「一般指定」と、特定の業種の事業者の不公正な取引方法として具体的に指定した、いわゆる「特殊指定」があるほか、付属法規たる、前記の下請代金支払遅延等防止法や不当景品類及び不当表示防止法などによる規制がある。

(3) 私的独占の禁止

私的独占とは、公共の利益に反して競争を実質的に制限する独占行為で、他の事業者の事業活動の排除行為ないし支配行為である（独禁3条・2条5項）。それゆえ、私的独占とは市場の独占という状態よりも広い。「排除」とは、他の事業者の事業活動に何らかの方法で圧力を加え、その事業者の新規参入を阻止したり、すでに事業活動している競争会社の事業の継続を困難にするような行為である。また、「支配」とは、株式を買い占めたり、役員を派遣するなどして、他の事業者の事業活動に制約を加えその事業活動における自

由なる決定を奪い、自己の意思に従わせるような行為である。

(4) 不当な取引制限の禁止

　不当な取引制限とは、公共の利益に反して競争を実質的に制限する共同行為で、事業者が他の事業者と共同して相互にその事業活動を拘束ないし遂行することを目的とするカルテル（合意）である（独禁3条・2条6項）。ここでは、価格カルテル、生産数量調整カルテル、販売地域制限カルテルなどが規制されることになるが、入札に際して予め入札価格や落札予定者などを決定する、いわゆる談合入札なども規制される。

(5) 不公正な取引方法の禁止

　不公正な取引方法とは、①共同の取引拒絶、②不当対価、③不当廉売、④再販売価格の拘束、⑤優越的地位の濫用のほか、⑥差別的取扱い、⑦不当対価による取引、⑧不当な顧客誘引・取引強制、⑨拘束条件取引、⑩取引上の地位の不当利用、⑪競争業者に対する取引妨害・競争会社に対する内部干渉のいずれかに該当するものであって、公正な競争を阻害するおそれがあるもののうち、公正取引委員会が指定するものである（独禁19条・2条9項）。これを受けて、公正取引委員会は、すべての事業者に適用される「一般指定」と、新聞・物流・大規模小売業などの特定の事業分野の事業者のみに適用される「特殊指定」を告示している。

　「不公正な取引方法」という名称が付された「一般指定」によって特定された行為は15類型で、単独ボイコット（取引拒絶）、差別対価、取引条件などの差別取扱い、事業者団体内の差別取扱い、不当高価購入、欺瞞的顧客誘引、不当な利益による顧客誘引、抱合販売、排他条件付取引などを定めている。これらの不公正な取引方法の行為類型はいずれも公正な競争を阻害するおそれのある行為である。

II 法の体系　引用・参考文献

青木宗也『労働法』日本評論社、1976年
淺木愼一『手形法・小切手法入門』(第2版) 中央経済社、2003年
淺木愼一『商法総則・商行為法入門』(第2版) 中央経済社、2005年
芦部信喜・高橋和之補訂『憲法』(第5版) 岩波書店、2011年
有泉亨『労働基準法』有斐閣、1963年
石川敏行『はじめて学ぶプロゼミ行政法』実務教育出版、1991年
伊藤憲二・宇都宮秀樹・大野志保『平成21年改正独占禁止法のポイント』商事法務、2009年
上松公孝・北沢利文監修『改正保険法早わかり』大蔵財務協会、2008年
宇賀克也『行政法概説Ⅰ』(第3版)・『行政法概説Ⅱ』(第2版) 有斐閣、2009年
江頭憲治郎『株式会社法』(第2版) 有斐閣、2008年
太田武男『内縁の研究』有斐閣、1965年
大塚仁『刑法入門』(第4版補訂版) 有斐閣、2008年
大谷實『刑法講義総論』(新版第2版) 成文堂、2007年
小野幸二編『親族法・相続法』八千代出版、1979年
小野幸二編『民法総則』八千代出版、1978年
『改訂　調停委員必携（家事編）』日本調停協会連合会、1982年
川井健『民法入門』有斐閣、1989年
川村正幸『基礎理論手形小切手法』(第2版) 法研出版、2007年
河本一郎・田邊光政『約束手形法入門』(第5版・補訂版) 有斐閣、2006年
神田秀樹『会社法』(第13版) 弘文堂、2011年
菅野和夫『労働法』(第2版) 弘文堂、1988年
近藤光男『商法総則・商行為法』(第5版) 有斐閣、2006年
佐久間修・高橋則夫・宇藤崇『いちばんやさしい刑事法入門』(第2版) 有斐閣、2007年
佐藤隆夫『現代家族法25講』有斐閣、1976年
塩野宏『行政法Ⅰ』(第4版)・『行政法Ⅱ』(第4版) 有斐閣、2005年
シティユーワ法律事務所編『なるほど図解独禁法のしくみ』(第2版) 中央経済社、2007年
芝池義一『行政法総論講義』(第4版補訂版) 有斐閣、2006年
島津一郎編『注釈民法Ⅲ　親族・相続』有斐閣、1978年
高橋則夫編『ブリッジブック　刑法の考え方』信山社出版、2009年
高梨公之『日本婚姻法論』有斐閣、1957年
高梨公之『民法の話』日本放送出版協会、1969年
高見勝利『芦部憲法学を読む』有斐閣、2004年
竹濱修監修『速報Q&A新保険法の要点解説』金融財政事情研究会、2008年
田中二郎『行政法』(新版・上巻・全訂第2版) 弘文堂、1974年

田邊光政『商法総則・商行為法』（第3版）新世社、2006年
辻村みよ子『憲法』（第3版）日本評論社、2008年
土田和博・岡田外司博編『演習ノート経済法』法学書院、2008年
中川淳『親族法逐条解説』日本加除出版、1977年
中川善之助『新訂　親族法』青林書院新社、1965年
中川善之助責任編集『註釈親族法』（上・下）有斐閣、1950年
長澤哲也編『平成21年改正独禁法の解説と分析』商事法務、2009年
沼辺愛一・佐藤隆夫・野田愛子・人見庸子編『新家事調停読本』一粒社、1988年
野中俊彦・中村睦男・高橋和之・高見勝利『憲法Ⅰ』（第4版）・『憲法Ⅱ』（第4版）有斐閣、2006年
萩本修編『これ一冊でわかる！新しい保険法』金融財政事情研究会、2008年
萩本修編『保険法立案関係資料―新法の概説・新旧旧新対照表―』（別冊商事法務321号）商事法務、2008年
蓮井良憲・森淳二朗編『商法総則・商行為法』（第4版）法律文化社、2006年
長谷部恭男『憲法』（第4版）新世社、2008年
原田尚彦『行政法要論』（全訂第6版）学陽書房、2005年
福田弥夫・古笛恵子編『逐条解説改正保険法』ぎょうせい、2008年
藤田宙靖『行政法入門』（第5版）有斐閣、2006年
布施直春『労働法早わかり事典』（増補2訂版）PHP研究所、2004年
古川重明『現代法学』八千代出版、1997年
古川重明『民法Ⅱ　家族法』高文堂出版社、1989年
古川重明・小林忠正・杉山嘉尚『暮らしの中の法律』高文堂出版社、1979年
外尾健一『労働団体法』筑摩書房、1975年
前田庸『会社法入門』（第11版補訂版）有斐閣、2008年
前田雅英『刑法総論講義』（第4版）東京大学出版会、2006年
水本浩・篠塚昭次編『民法を学ぶ』（第2版）有斐閣、1981年
道端忠孝・松岡弘樹編著『基本商法＆会社法』八千代出版、2007年
道端忠孝『手形・小切手法読本』（改訂版）尚学社、2005年
宮島司『新会社法エッセンス』（第3版）弘文堂、2008年
弥永真生『リーガルマインド商法総則・商行為法』（第2版）有斐閣、2006年
山口厚『刑法』有斐閣、2005年
山口厚『刑法入門』岩波書店、2008年
山下眞弘『やさしい手形小切手法』（改訂版）税務経理協会、2008年
我妻栄『親族法』（法律学全集）有斐閣、1961年
野村豊弘編『法学キーワード』有斐閣、2000年
小島武司編『裁判キーワード』（新版補訂版）有斐閣、2000年
伊藤眞・山本和彦編『民事訴訟法の争点』有斐閣、2009年
高橋宏志『重点講義民事訴訟法』（上）（下〔補訂版〕）有斐閣、2005、2006年
山本弘・長谷部由起子・松下淳一『民事訴訟法』有斐閣、2009年

田口守一『刑事訴訟法』(第5版) 弘文堂、2009年
松尾浩也・井上正仁編『刑事訴訟法の争点』(第3版) 有斐閣、2002年

知っておきたい法律用語

意思能力　自分の行為の性質を判断することができる精神的能力のことで、この有無は、行為ごとに個別的に判断されるが、一般に幼児や泥酔者などは意思能力がない。近代法は私的自治の原則を採用していることから意思能力のない者の法律行為は無効である。

意思表示　一定の法律効果の発生を欲する意思を外部に対して表示する行為。たとえば売主が売るという法律効果を発生させようと欲してその意思を口頭や文書で表示すること。これが買主の買うという意思表示と合致すれば売買が成立して、それに伴う法律効果が発生する。

一事不再議　会議体において一度議決した事項について、重ねて審議することを許さない原則。会議体の意思決定を不確定の状態に置くことにより生ずる会議の能率の低下を回避することを目的とする。現行憲法にはこれに関する規定がないが、許容する趣旨と解されている。

一事不再理　刑事訴訟法上、ある事件について有罪・無罪の実体判決または免訴の判決があったときに、同一の事件について再び公訴を提起することが許されない原則。誤って再度公訴が提起されたときは、免訴の判決が言い渡される。

一物一権主義　所有権などのいわゆる物権は、物を直接に支配する排他的な権利であるから、特定の物の上には、同一内容の物権は一つしか存在しえないという原則。物権についての取引を保護する必要から要請される。

一身専属権　権利のうち、主体との間に特に緊密な関係があるために、その主体だけが行使できるもの、またはその主体だけが享有できるものをいう。前者を行使上の一身専属権、後者を帰属上の一身専属権という。前者は権利を行使するについて権利者の意思にかかるもので慰謝料請求権がその例。後者は権利の帰属について権利者の身分などと不可分の関係にあるもので、扶養請求権がその例。

違法性　法秩序に違反していることをいい、この場合には法によって消極的評価を受け、何らかの法律上の制裁や不利益を受ける地位に置かれる。刑法上は構成要件該当性、責任とともに犯罪成立要件となる。

遺留分　特定の相続人のために法律上必ず残しておかなければならない遺産の一定部分。遺言は原則として自由であり、被相続人は自己の財産を遺言によって自由に死後処分できるとするのが建前であるが、他方で、近親者の相続期待利益を保護し、また、被相続人死亡後の遺族の生活を保障するために、相続財産の一定部分を一定範囲の遺族のために留保させる制度。

姻族　婚姻によってできた親戚。あ

る人からみて、その配偶者の血族および自己の血族の配偶者をいう。たとえば、妻の父母、伯叔父母あるいは自己の伯叔父母の配偶者など。民法725条は、三親等までの姻族を親族としている。

及び・並びに いずれも二つまたは二つ以上の文言をつなぐための併合的接続詞であるが、法令用語として用いる場合には次の用法による。選択的に並列する語句が二つの場合「A及びB」と用いる。三つ以上の場合、「A、B及びC」と、最後の語句だけを「及び」でつなぎ、他の部分は「、」でつなぐ。並列する語句に段階があるときは、大きな併合的連結に「並びに」を使い、小さな併合的連結に「及び」を使う。たとえば、「給料、手当及び旅費の額並びにその支給方法は、条例でこれを定めなければならない」（地自204条3項）。なお、段階が3段階以上になるときは、最も小さい併合的連結に「及び」を使い、それ以外は、すべて「並びに」を使う。

恩赦 公訴権を消滅させ、あるいは刑の言渡しの効果の全部または一部を消滅させる行政権の作用。わが国の恩赦には、大赦・特赦・減刑・刑の執行の免除・復権の5種があり、内閣が決定し、天皇が認証して行う。政令で罪を定めて行う一般恩赦と、特定の者を対象とする個別恩赦がある。

会期不継続の原則 会期中に審議が完了しなかった議案その他の案件は、会期が終わると消滅し、後会に継続しないという原則。後会で審議するためにはその案件を再提出しなければならない。議会の意思は会期ごとに独立であるという考え方による。

解除 契約当事者の一方的意思表示によって既存の契約の効力を遡及的に消滅させ、契約がはじめからなかったのと同様の法律効果を生じさせること（民540条～548条）。解除権は、契約によって発生するもの（約定解除権）と相手方の債務不履行によって生ずるもの（法定解除権）の2種がある。債務不履行のうち履行遅滞の場合には、相当の期間を定めて催告した上で解除しなければならない（民541条）が、履行不能および定期行為の履行遅滞の場合には直ちに解除することができる（民542条・543条）。解除の効果は、契約の効力が遡及的に消滅することであるから、まだ履行していない部分の債務は消滅し、履行のすんだ部分については相手方に不当利得返還義務の一種である原状回復義務が生ずるとされる。

瑕疵 「きず」の意。何らかの欠点や欠陥があることを表すために、法令等において用いられる。たとえば、民法120条2項にいう「瑕疵ある意思表示」とは、他人の詐欺または強迫によってした意思表示をいい、一定の要件の下に取消すことができるものである。また、民法570条の瑕疵担保責任の「瑕疵」とは、売買の目的物自体にきずがあり、その物が売買の目的物として通常有しなければならない品質を欠くことをいう。

このような場合には、売主が一定条件の下に損害賠償等の責任を負うことになる。

過失 一定の事実を認識することができたにもかかわらず、不注意でそれを認識しないこと。故意に対する概念で、理論上、不注意の程度によって重過失と軽過失とに分けられ、また、注意義務の種類によって抽象的過失と具体的過失とに分けられる。

果実 元物から生じる収益のこと。果実には、元物の経済的利用法に従って得られる産出物である天然果実（たとえば茶樹から得られる若茶葉）と、物の使用の対価として生じる金銭その他の物である法定果実（たとえば不動産から得られる家賃や地代）がある。両者はその帰属についての取扱いが異なっている（民89条）。

過失相殺 債務不履行または不法行為によって損害賠償責任が発生する場合において、損害を受けた者の側にも過失があったときに、これを裁判所が損害賠償の責任または金額について考慮して損害賠償の責任を免除し、またはその金額を減額すること。

仮差押え 金銭の支払を目的とする債権について、債務者の財産の現状を維持しておかなければ、将来、強制執行の不能または困難をきたすおそれがある場合に、予め債務者の財産を暫定的に差し押さえてその処分を禁じておく保全手続。

仮処分 民事上の権利の実現が何らかの原因で危険に瀕している場合に、その保全のため、その権利に関する紛争が訴訟的に解決するか、または強制執行が可能となるまでの間、暫定的・仮定的になされる裁判またはその執行。係争物に関するものと仮の地位を定めるものとがある。

仮登記 将来の本登記の順位を保全するために予めする登記。仮登記には、登記する物権変動をすでに生じているが、本登記をするのに必要な手続上の要件が欠けている場合にするものと、売買予約のように、物権変動はまだ生じていないが、物権変動を生じさせる請求権が生じている場合にするものとがある。

科料・過料 科料は刑罰の一つで、罰金とともに財産刑の一種。最も軽い主刑。過料は金銭罰の一種であるが、刑罰ではない。両者を区別するために、科料を「とが料」、過料を「あやまち料」と呼び分けることがある。

観念的競合 1個の行為が数個の罪名（構成要件）にあたる場合をいう。たとえば警察官に暴行を加えてその職務を妨害する行為は、暴行と公務執行妨害の観念的競合になる。この場合、そのうちで最も重い刑によって処断される（刑54条1項）。

危険負担 売買のような双務契約において、一方の債務が債務者の責に帰することのできない事由により履行不能となって消滅した場合に、これと対価関係にある他方の債務が消滅するかどうかの問題。たとえば、建物の売買契約締結後に目的である家屋が類焼し、売主の家屋引渡し債

務が消滅した場合に、買主の代金支払債務が消滅するかどうかという問題がその例である。もし、他方の債務も消滅するとすれば、損失（危険）は消滅した債務の債務者（売主）が負担することになるので、これを債務者主義といい、他方の債務が存続するとすれば債権者（買主）が負担するので債権者主義という。民法では、債務者主義を原則としつつ（民536条1項）、特定物に関する物権の設定または移転を目的とする双務契約のような重要な契約については債権者主義をとっている（民534条・535条2項）。

起訴便宜主義　検察官による起訴猶予を認める考え方。起訴法定主義に対する概念。起訴法定主義は、犯罪が成立し、訴訟条件が具備する以上、必ず公訴を提起しなければならないとする考え方で、起訴便宜主義はその場合にも検察官の裁量で訴追を見送ることが許されるものである。わが国では明文で起訴便宜主義が認められている（刑訴248条）。

期待可能性　実行行為の時点で、行為者が適法行為をすることを期待できることをいう。これを欠くときは行為者を非難することはできないから責任は認められず、犯罪の成立が否定される。

既得権　人がすでに獲得している権利。歴史的には、主に私有財産について国家も侵すことのできない権利として唱えられた。今日では既得権の不可侵性は認められないが、立法上できるだけ保護されなければなら

ないとされる。

既判力　民事訴訟法上は、裁判が確定した効果として、同一当事者間で同一事項が後日、別の訴訟で問題となったとしても、当事者は確定した裁判で示された判断に反する主張をすることができず、裁判所もこれと抵触する裁判をすることができないという拘束力のこと。刑事訴訟法上は、訴訟の実体である刑罰関係が裁判上確定すること。

求償権　他人のために返済をした者がその他人に対してもつ返還請求権。連帯債務者の一人または保証人が弁済をした場合に、他の連帯債務者または主たる債務者に対して返済を求めるのがその例（民442条〜445条・459条〜465条）。広義では、第三者との間の法律関係が一応確定した後に、そこから生ずる不公平を内部的に清算する場合の請求権をさす。

給付　私法上、広義では、請求権の目的となる義務者の行為をさすが、通常は、債権の目的となる債務者の行為をさす。債権者である売主に対して買主が500万円を交付する行為や、債権者である買主に対して売主が家屋を引渡し、登記を移転する行為などがその例。

強制執行　私法上の請求権を国家権力によって強制的に実現する手続。判決手続とともに民事訴訟の2大部門の一つ。国家による強制執行手続の発動がなされるためには実現される権利の存在を公に確認する証書である債務名義が必要である。強制執

行を行う執行機関は、これに基づいて執行を行う。

供託 法令の規定により、金銭、有価証券またはその他の物品を供託所または一定の者に寄託すること。たとえば、債権者が債務の弁済の受領を拒んでいる場合には、債務者は債務の目的物を保管するなどの負担を免れることができなくなる。この場合に債務者が第三者である供託所に債務の目的物を寄託することによって債務を免れることになるとすれば、債務者の保護になり、また債権者もこれによって弁済を受けることができることになる。

虚偽表示 広義では、真意でないことを表意者が自分で知りながらする意思表示をいい、表意者が単独でする場合と、他人と通じてする場合とに分けられる。しかし、一般には前者は心裡留保といい、後者だけを虚偽表示という。たとえば債権者の差押えを免れるために、友人と通じて不動産を売買に仮装してその友人の名義に移すような行為がそれである。当事者間では法律効果を生じないが、善意の第三者に対してはその無効を主張できない（民94条1項・2項）。

挙証責任 訴訟において一定の事実の存否が確定されないことにより当事者の一方に帰せられる不利益。立証責任、証明責任ともいう。民事訴訟では権利関係の発生・変更・消滅等の法律効果を主張する者が挙証責任を負うと考えられており、刑事訴訟では一般に検察官が挙証責任を負う。

緊急避難 刑法上は、自己または他人の生命、身体、自由その他の法益に対する差し迫った危難を避けるため、他に方法がない場合にやむを得ず他人の法益を害する行為のことをいう。保全しようとした法益が害される法益と同等またはより優位にあるときには、違法性が阻却され罪とならない（刑37条1項）。民法上は、不法行為の成立について問題となる。たとえば、他人の犬に襲われ、これを棒で殴って傷つけた場合のように、急迫の危難を避けるため、やむを得ずした損壊行為のことをいう。刑法の緊急避難の要件と若干異なっており、一定の条件の下に違法性が阻却され、不法行為とならないとされる（民720条2項）。

禁反言 エストッペルともいい、英米法上確立されてきた原則。AがBのした表示を信じ、それに基づいて自己の地位を変更したときは、Bは後になって自己の表示が真実に反していたことを理由としてそれを翻すことができないという原則で、取引安全のために重要な作用を営む。

形成権 権利者の一方的な意思表示で法律関係の変動を生じさせる私権のことをいう。たとえば、詐欺・強迫などによる意思表示をした場合に、一定の者（取消権者）は、相手方の同意を得ることなしに取消しという意思表示をすることができ、その意思表示があれば、それだけで法律行為が遡って無効になるという法律関係の変動がもたらされることになる。

刑罰不遡及の原則 行為時に犯罪で

なかった行為は、その後の法律で同種類の行為が犯罪とされても、遡って処罰されることはないという原則。罪刑法定主義の一内容であり、憲法39条はこの旨を明らかにしている。

契約自由の原則　個人の契約関係は、契約当事者の自由な意思によって決定されるのであり、国家は干渉してはならないという近代私法の原則。契約をするかしないかの自由、相手方選択の自由、契約内容決定の自由、契約方式の自由などを含む。現在では、すべての人に平等かつ文化的な生存を保障するという観点から、この原則を適度に制限することにより、社会の私法関係を是正しようとする傾向が強くなっている。

権原　ある行為をすることを正当なものとする法律上の原因のこと。民事法上、所有権者に対し、質権、地上権、賃借権などを有する者の法律関係を表す場合の用語としてよく用いられる。たとえば、「不動産の所有者は、その不動産に従として付合した物の所有権を取得する。ただし、権原によってその物を附属させた他人の権利を妨げない」（民242条）などの例がある。この場合、不動産の従物として付合した物、たとえば、土地の上に土地と一体をなすような何らかの工作物を設けた場合、その工作物の所有権は、土地の所有権者が取得するのが原則であるが、この工作物を設置した者がその土地に対し、地上権、賃借権など正当にその工作物を設置する権利を有している場合には、その者の所有となり、土地の所有権者の所有にならない。

原始取得　ある権利を他人の権利に基づかずに独立に取得すること。無主物先占（民239条）、遺失物拾得（民240条）、時効取得（民162条・163条）、公用徴収などがその例。前主の下でその権利に制限や負担がついていても、取得者はそれを承継しない点で承継取得と異なる。

元物　収益として果実を生じる物のことで、たとえば、天然果実である牛乳を産出する乳牛や、法定果実である家賃を生む家屋がその例である。ただし、利息に対しては、特に元本という。

権利　一定の利益を請求し、主張し、享受することが法律上正当に認められた力をいう。相手方に対して作為または不作為を求めることができる機能であり、相手方はこれに対応する義務を負う。

権利能力　私法上の権利義務の帰属主体となることができる資格。自然人および法人は、権利能力を有する。近代法はすべての自然人に出生と同時に平等の権利能力を認めるが、外国人のように特定の権利の享有を制限される者もある（民3条）。

権利濫用　形式上、権利の行使としての外形を備えているが、その具体的状況や実際の結果から、その権利の本来の使命を逸脱するために、実質的には権利の行使とは判断されない行為。民法は権利の濫用は許さない旨を規定している（民1条3項）。

故意　刑法上は罪を犯す意思のこと。刑法は、故意のない行為を原則とし

て処罰しない（刑38条1項）。私法上は、自分の行為から一定の結果が生じることを知りながら、あえてその行為をすることで、不法行為を成立させる要件の一つ（民709条）。

行為能力　法律行為を単独で有効にすることができる法律上の地位あるいは資格のこと。自然人と法人はすべて権利能力をもつが、必ずしも行為能力をもつとは限らない。意思能力のない者の行為は無効であるが、意思能力の有無にかかわらず、民法は、独立して取引をする能力の不十分な者を定型的に制限能力者としている。民法上、行為能力が制限されている者としては、未成年者、成年被後見人、被保佐人および被補助人がある（民4条〜21条）。

効果意思　一定の法律効果の発生を欲する意思のことで、原則として法律行為の効果は、表示された効果意思によって決定される。売ろうと欲する意思、婚姻しようと欲する意思などがその例。効果意思とその表示行為によって意思表示が成立するが、表示された意思と内心の意思とが食い違うときには、法律効果が否定されることもある。

公示の原則　権利の変動があったにもかかわらず、それが外部から認識できないと、権利を喪失した者を権利者と誤信して取引する危険がある。そこで、物権などの排他的な権利の変動は、外部から認識できる方法を伴わなければならないとされ、これを公示の原則という。不動産においては登記（民177条）、動産においては引渡し（民178条）が物権変動を外部から認識することができる方法である。

公序良俗　公の秩序・善良の風俗のこと。国家社会の一般的利益や社会の一般的道徳観念のことで、両者は大部分において重複していてその区別は困難なので、両者を併せて社会の一般的秩序を維持するために要請される倫理的規範の意味で用いられる。これに反する内容の法律行為は無効である（民90条）。たとえば判例は、妾（めかけ）契約、賭博のための借金、男女別定年制などは公序良俗に反して無効としている。

公信の原則　実際には権利が存在しないのに、権利が存在すると思われるような外形的事実がある場合に、その外形を信じて取引をした者を保護するため、真実に権利関係が存在したと同様の法律効果を認めようとする原則。他人の動産を占有する者（借主など）を所有者と誤信して、その者からその動産を買った者に所有権を取得させる即時取得の制度が代表例（民192条）。

構成要件　犯罪行為を特徴づける類型。可罰的行為の輪郭を明らかにし、犯罪と犯罪でない行為とを一応の判断として区別する機能を果たす。構成要件に該当する行為は原則として違法性が推定される。

公定力　行政行為が違法であっても、それが無効に該当する程度の瑕疵でない限り、権限のある行政庁または裁判所が取消すまで、一応、行政行為の内容に応じた効果のあることを、

相手方、他の行政庁および第三者に対して承認させる効力のこと。

公布　成立した法令を公表して一般に人が知りうる状態に置くことで、天皇の国事行為の一つ。成文法は、一定の制定手続によって成立するが、それが現実に効力をもつためには公布の要件を満たすことが必要とされる。

罪刑法定主義　行為時にその行為を犯罪とし、刑罰を科す旨を定めた明文の法律がなければその行為を処罰することはできないとする原則。刑罰権の恣意的行使から国民の人権を保障することを目的とする。罪刑法定主義の原則から、慣習法による処罰の禁止、刑罰法規不遡及の原則、類推解釈の禁止、明確性の原則、絶対的不定期刑の禁止などの原則が派生する。

債権　特定人（債権者）が特定の義務者（債務者）に対して一定の行為（給付）を請求し、その給付を受領し保持することが法で認められている地位または権利。債権の発生原因には契約や不法行為などがある。債権を義務者の側から表現すると債務になる。

債務不履行　債務者が債務の本旨に従った債務の履行をしないこと。不法行為とともに違法行為として損害賠償の責任が生ずる（民415条）。債務の本旨に従った履行をしないというのは、法律の規定、契約の趣旨、取引慣行、信義誠実の原則等に照らし、適当な履行をしないことで、債務不履行には履行遅滞・履行不能・不完全履行の3種がある。

債務名義　強制執行によって実現される請求権の存在や範囲を表示し、法律によって執行力が付与され、執行の基礎となる公の文書。主として裁判判決やこれに準ずる効力をもつ調書であるが、裁判所の関与なしに公証人が作成した証書の場合もある。民事執行法によると、確定判決、仮執行宣言付判決など10種類を債務名義と定めている（民執22条）。

詐害行為　総債権者の担保となっている債務者の総財産を減少させ、債権者の満足を阻害する債務者の法律行為。たとえば、債務者が自己の財産状態が悪化して弁済の資力を失った状態で所有物を他人に贈与したり、投げ売りするなどした場合。このようなときには債権者はそれを傍観する必要はなく、詐害行為取消権によって減少した財産を債務者の手元に取り戻すことができる（民424条〜426条）。

差押え　広義では、国家権力が特定の有体物や権利について、私人の事実上または法律上の処分を禁ずる行為をいう。狭義では、金銭債権について強制執行の第1段階として、執行機関が債務者の財産の事実上または法律上の処分を禁止し、これを確保する強制行為をいう。

時効　ある事実上の状態が一定期間継続した場合に、真実の権利関係にかかわらず、その継続してきた事実関係を尊重して、これに法律効果を与え、権利の取得または消滅の効果を生じさせる制度。私法上は取得時

効と消滅時効がある。時効は、それによって利益を受ける者が、その利益を受ける意思を表示しなければ完成しない。この意思表示のことを時効の援用という。

事情変更の原則　私法上、契約が締結された後に当事者が予想することができなかった社会的事情の変動があり、そのために契約の内容をそのまま実現することが著しく衡平に反して不合理であると認められる場合に、当初の契約にある法律効果が否定され、または変更されるという原則。

私的自治の原則　個人相互の身分上や財産上の法律関係は、各人の意思によって自由に規律させることを原則とする近代私法の理念。近代社会における個人は、自由・平等な存在であり、そうした個人を拘束して権利義務関係を成り立たせるのは、それぞれの意思であるという考え方に基づく。

社会通念　社会一般に受け入れられ通用する常識。公式の法源ではないが、法の解釈、裁判、調停等において判断の基準として用いられる。条理や信義誠実の原則もこれに近い。ただし、現代社会は変動が激しく、何が社会通念なのかの判断に困難を伴うことも多い。

自由心証主義　裁判所が証拠に基づいて事実認定をする際に、証拠の信用性の程度について法的規制を設けず、その評価を裁判官の自由な判断に委ねる立場。わが国の民事訴訟法および刑事訴訟法が採用するところである（民訴247条、刑訴318条）。

譲渡担保　担保の目的である財産権を一旦債権者に移転させ、債務者が債務を弁済したときに返還するという形式の債権の物的担保制度。譲渡担保は、民法の定める換価方法によらない簡易な方法で債権を回収できる利点をもつほか、動産・不動産に限らず、老舗権や動産・債権の集合のように担保手段が確立していない財産権も担保化でき、特に動産について占有を移転せずに担保に供することができる点で、質権では実現できない大きな作用を営む。これにより、工場の機械・器具を用いて事業を営みながら、これらを譲渡担保として金融を受けられるなどの便が企業に与えられる。民法上は規定がないが、取引慣行から生まれ、判例・学説によってその有効性が承認されている。

除斥期間　権利関係を短期間に確定する目的で、一定の権利について法律の定めた存続期間。たとえば、売買の瑕疵担保責任としての契約解除権および損害賠償請求権がその例（民566条3項）。中断がなく、当事者が援用しなくても当然に権利消滅の効力を生ずるなどの点で消滅時効と異なっている。

信義誠実の原則　人間の社会共同生活は、相互の信頼と誠実な行動によって円滑に営まれるべきであるとの考えに基づき、権利義務という法律関係の履行についても相手方のもつであろう正当な期待に沿うように他方の行為者が行動すべきことを求

める法理。信義則ともいう（民1条2項）。

推定する・みなす　当事者間に別段の取り決めのない場合または反証が挙がらない場合に、ある事柄について法令が一応こうであろうという判断を下す場合に、「推定する」を用いる。推定された内容と異なる事実が証拠によって明らかになれば、証明された事実にしたがって処理される。それに対して、本来異なるものを法令上一定の法律関係について同一のものとして確定してしまう場合には「みなす」を用いる。「みなす」の場合、当事者による取り決めや反証を許さず、一定の法律関係に関する限り絶対的に同一のものとして扱う点で「推定する」と異なる。たとえば「……失踪の宣告を受けた者は……死亡したものとみなす」（民31条）とは、失踪宣告を死亡と同視し、婚姻の解消や相続の開始などの効果を生じさせるということを意味し、仮に、その者が生きていることが立証されても、失踪宣告が取消されない限り、死亡という法律効果を動かすことはできないことになる。

制度的保障　憲法の規定のうち、一定の制度に対して、立法によってもその核心ないし本質的内容を侵害することができない特別の保護を与え、制度それ自体を客観的に保障しているとされるものをさす。日本国憲法では地方自治（8章）、政教分離の原則（20条）、大学の自治（23条）、婚姻制度（24条）、私有財産制度（29条）などがいわれる。

善意・悪意　法令用語で「善意」とは、ある一定の事実を知らないことをいう。また、「悪意」とは、ある事実を知っていることをいう。日常用語の用法とは異なり道徳的な意味での善悪とは関係がない。たとえば、民法194条の「占有者が、盗品又は遺失物を、……善意で買い受けたとき」とは、その物が盗品または遺失物であることを知らないで買い受けたときという意味。また、民法704条は、不当利得について「悪意の受益者は、その受けた利益に利息を付して返還しなければならない」と規定しているが、そこでいう「悪意の受益者」とは、自分の受けた利益が、法律上の原因なしに、不当に得た利益であるということを知っていながら利益を受けた者を意味する。その利益を受けたことが道徳上非難されるべきかどうかということとは無関係である。ただし、日常用語に近い用法（「他人を害する意思」という用法）で「悪意」という言葉が用いられている場合もある。離婚原因に関する民法770条1項2号の「配偶者から悪意で遺棄されたとき」はその例。

善良な管理者の注意　過失の前提となる注意義務の程度を示す観念で、これは、行為者の具体的な注意能力に関係なく、行為者の属する職業や社会的地位に応じて、一般に通常期待されている程度の抽象的・一般的注意義務である（民400条・644条等）。善管注意ともいう。なお、当該行為者の注意能力に応じた具体

的・個別的な注意義務としては「自己の財産に対するのと同一の注意」（民659条等）がある。

相殺 2人が互いに相手に対して同種の債権をもっている場合に、一方から相手方に対する意思表示によってその債務を対等額で消滅させること（民505条1項）。双方が別々に取り立てる不便や、一方の破産による債務弁済の不公平をなくす制度である。

双務契約・片務契約 売買のように契約当事者の双方が、互いに対価的な債務を負担する契約を双務契約といい、贈与のように当事者の一方が対価的債務を負担しない契約を片務契約という。双務契約では、双方の債務が対価として互いに他を前提としているので、原則として一方の債務だけを先に履行させるのは不公平であり、同時履行の抗弁権が認められる（民533条）。また、双務契約では一方の債務が当事者の責に帰することのできない理由で消滅してしまった場合には、他の給付をどうするかという危険負担の問題が生ずる（民534条〜536条）。

即時取得 所有権その他の処分の権限をもたない動産の単なる占有者を正当な権利者と誤信して取引をした当事者が、その動産について完全な権利を取得すること（民192条）。善意取得ともいう。たとえば、所有者でなく、単なる借主として時計を所持しているに過ぎない者を所有者と信じてその時計を買い受けた者は、完全に所有権を取得するものとされる。前主の占有に公信力を認め、善意の取得者を保護することによって、流通することの多い動産についての取引の安全を図ろうとするものである。

尊属・卑属 血族のなかで、自分より先の世代にある者（父母・祖父母など）を尊属、後の世代にある者を卑属（子・孫など）という。法律上特別の取扱いが規定されているのは主として直系尊属・卑属間の関係である。

対抗要件 すでに効力が生じている法的な関係を、相手方以外の第三者に対して法的に主張するための法律要件のこと。主として、当事者間で効力を生じた権利関係を第三者に主張する場合に用いられる。たとえば、土地を買っても登記をしないでおいた場合に、同じ土地について後から所有権の登記をした第三者がいると、その者に対してその土地の所有権を主張しても、法的には認められないということになる（民177条）。動産物権変動における引渡し（民178条）や債権譲渡における通知・承諾（民467条）などもこの例。

嫡出子 法律上の婚姻関係にある夫婦間に生まれた子のこと。婚姻成立の日から200日後または婚姻解消または取消しの日から300日以内に生まれた子は、婚姻中に懐胎したものと推定され、さらに、妻が婚姻中に懐胎した子は夫の子、すなわち、その夫婦の嫡出子と推定される（民772条・773条）。

適用・準用 適用とはその法の規定

の本来の目的とする対象に対して規定をあてはめることをいい、準用とは、ある事項に関する法の規定を、それと類似する他の事項にも、必要な変更を加えて働かせることをいう。類似する各事項についていちいち規定を設けることは、かえって法規が複雑になるため、一定の規定を準用する旨を規定することが多くある。

手付け 売買や請負などの契約締結の際に、買主や注文主が相手方に交付する金品。通常、金銭が交付され、手付金・手金ともいう。民法は、売買について、手付けを交付した買主は手付けを放棄することにより、また交付を受けた売主は手付けの倍額を返還することにより、契約を解除することができ（民557条1項）、これを有償契約一般について準用している（民559条）。手付けには、このような解約手付けのほか、契約成立の要件とされる成約手付け、契約不履行の際の違約罰となる違約手付けなどがある。

登記 一定の事項を広く社会に公示するために公開された公簿に記載すること。取引関係に入ろうとする第三者に対して、権利や権利関係の内容を予め明らかにし、第三者に不測の損害を被らせないようにするための制度。

統治行為 高度の政治的意味をもつ国家行為や国家的利害に直接関係する事柄のゆえに、裁判所の審査権の範囲外にあるとされる行為。こうした行為は政治的に中立であるべき裁判所が判断するのではなく、国民に直接責任を負う地位にある国会や政府の判断に委ねるのが妥当であるという理由による。最高裁判所は、いわゆる苫米地事件（最大判昭35・6・8民集14巻7号1206頁）でこの法理を認めた。

認証 ある行為や文書の成立・記載が正当な手続でされたことを公の機関が証明すること。憲法上、国務大臣や法律の定めるその他の官吏の任免、一定の外交文書などに天皇の認証が必要とされている（憲7条5号～7号）。これはもっぱら形式的・儀礼的なもので、各行為の法的効力には影響がないと解される。

反射的利益 行政法上、法が公益目的の実現のために命令や禁止などをしていることの反射として、ある者がたまたま受ける利益のこと。たとえば、医師の診療義務が医師法に定められていることで、患者が診療を拒まれないという利益を受けるような例。反射的利益は、法の執行の結果派生する事実上の利益に過ぎないので、この侵害を受けたとしても、救済を受けうるものではない。

不当 法には違反していないが制度の目的からみて適切ではないことをいう。たとえば裁量権の行使において権限の範囲内で適切ではない裁量をした場合などには、違法ではないが不当であるという。

法人 自然人以外で、法律上、権利義務の主体となることを認められたもの。社会活動を営む団体を取引の必要上から権利義務の主体とするための法律的技術である。

法的安定性　法秩序の内容が安定していて、どのような行為にどのような法律効果が結びつくのか予見可能な状態。成文法典の存在は法的安定性を高めるが、朝令暮改の状態やみだりに判例を変更するのは法的安定性を害することになる。しかし、これだけを強調すると、具体的妥当性が害される可能性もあり、裁判にあたっては、法的安定性と同時に具体的妥当性や衡平も考慮しなければならないといわれる。

法律行為　法によって行為者が希望した通りの法律効果が認められる行為。私法上の法律関係は、原則として当事者の意思によって規律されるので、主として当事者の意思表示が法律行為の成立する要件となる。

法律効果　法律要件の存在によって法律上生ずる一定の結果のこと。たとえば、売買契約という法律要件が成立すれば、これによって売主の権利移転義務（代金請求権）と買主の代金支払義務（目的物引渡請求権）が発生し、所有権移転という法律効果が生ずる。法律効果は、直接または間接に、法律関係の変化、つまり、権利義務関係の発生・変更・消滅となって現れる。

法律事実　法律要件を構成する要素となる事実。たとえば、契約は、申し込みという意思表示と、承諾という意思表示の合致によって成立するが、これらの二つの意思表示が法律事実である。

法律要件　権利義務関係の変動を生じさせるために必要な一定の事実の総体。法律事実である一方の売りたいという申し込みと他方の買いたいという承諾によって売買契約という法律要件が成立し、その法律要件に基づいて売主の権利移転義務（代金請求権）と買主の代金支払義務（目的物引渡請求権）が発生し、所有権移転という法律効果が発生する。

又は・若しくは　いずれも並列的な選択的接続詞であるが、選択的に並列する語句が二つの場合には「A又はB」と用いる。また、三つ以上の場合には「A、B又はC」と、最後の語句だけを「又は」でつなぎ、他の部分は「、」でつなぐ。選択する語句に段階があるときは、大きな選択的連結に「又は」を使い、小さな選択的連結に「若しくは」を使う。たとえば、「人を殺した者は、死刑又は無期若しくは5年以上の懲役に処する」（刑199条）。なお、段階が3段階以上になるときは、最も大きな選択的連結に「又は」を使い、それ以外はすべて「若しくは」を使う。

者・物・もの　「者」は法的人格をもつ人を表すときに用いる。自然人か法人かを問わず、また、単数か複数かも問わない。「物」は人格者以外の一般の物件を表す場合に用いる。「もの」は「者」や「物」では表現できない抽象的なものや、法人格のない権利能力なき社団などを表す場合に用いる。

例による　ある事項について、他の法令の制度または規定を包括的にあてはめて適用するという意味で、「準用」とほぼ同義に用いられる。

準用と異なるのは、準用の場合、そこに示された法令の規定だけが準用の対象となるが、「例による」の場合は、たとえば「徴収については、国税滞納処分の例による」という場合、国税徴収法だけではなく、これに基づく施行令および施行規則の規定による国税滞納処分の手続に関する規定を包括的にあてはめて適用することを意味する点で異なる。

● 編者紹介

古田重明（ふるた・しげあき）
　現在、ノースアジア大学名誉教授

稲　雄次（いね・ゆうじ）
　現在、生涯学習支援機構最高経営責任者（CEO）
　　　　特定非営利活動法人理事長

渡部　毅（わたなべ・たけし）
　現在、ノースアジア大学法学部教授

新版・現代法学

2010年3月1日　第1版1刷発行
2013年5月31日　第1版3刷発行

編　者──古　田　重　明
　　　　　稲　　　雄　次
　　　　　渡　部　　　毅
発行者──大　野　俊　郎
印刷所──誠　　信　　社
製本所──渡　邉　製　本
発行所──八千代出版株式会社
　　　　〒101-0061　東京都千代田区三崎町2-2-13
　　　　TEL　03-3262-0420
　　　　FAX　03-3237-0723
　　　　振替　00190-4-168060

＊定価はカバーに表示してあります。
＊落丁・乱丁本はお取替え致します。

ISBN 978-4-8429-1504-3　　Ⓒ 2010 Printed in Japan